사랑, 혹은 에로티즘

사랑, 혹은 에로티즘

인쇄 2005년 10월 20일
발행 2005년 10월 25일

엮은이_박 찬 일
펴낸이_한 봉 숙
펴낸곳_푸른사상

등록 제2-2876호
주소_서울시 중구 을지로3가 296-10 장양B/D 701호
대표전화_02) 2268-8706-7 / 팩시밀리_02) 2268-8708
메일_prun21c@yahoo.co.kr / prun21c@hanmail.net
홈페이지_www.prun21c.com
ISBN 89-5640-368-6-03810
ⓒ 2005, 박찬일

정가 9,000원

♣ 잘못된 책은 푸른사상이나 구입처에서 교환해 드립니다.
♣ 저자와의 협의하에 인지 생략함.

사랑, 혹은 에로티즘

박찬일 시인이 읽은 '사랑의 시' 49편

푸른사상

■ 머리말

1

 보통, 사랑과 에로티즘은 '별개'가 아니다. 사랑과 에로티즘은 같이 있다. 물론 마음의 사랑이 먼저 오고 몸의 사랑이 나중에 올 수 있다. 반대로 몸의 사랑이 먼저 오고 마음의 사랑이 나중에 올 수 있다. 물론 몸의 사랑으로만 끝날 수 있다. 마음의 사랑으로만 끝날 수 있다. '몸의 사랑'이 에로티즘이다.

 바타이유는 에로티즘을 "잃어버린 연속성에 대한 향수"로 설명한다. 연속성은 정자와 난자가 결합하는 순간, 새로운 '개체'가 생성되기 바로 직전, 존재했다. 연속성은 정자와 난자 사이의 연속성이다. '새로운 개체'는 말 그대로 새로운 개체로서 '직전'의 정자·난자와는 '별개'이다. 직전의 정자·난자와 불연속의 관계에 있다. 개체와 개체들이 불연속의 관계에 있는 것처럼.

 불연속은 연속을 그리워하기 마련이다. 몸과 몸의 만남을 생물학적 의미를 넘어 넓은 의미의 '연속에 대한 그리움'으로 보는 것이다. 프롬 또한 '분리 극복·결합 도달'

을 인간의 가장 큰 욕구로 간주한다. 예술 창조도 그 욕구의 결과이고, 사랑(혹은 에로티즘)도 그 욕구의 결과이다.

바타이유는 또한 태양은 받는 것 없이 주기만 하므로, 그러므로 에너지가 남아나므로, 온전한 소비행위가 필요하게 되는데, 그 대표적인 것이 에로티즘과 예술이라고 하였다. 예를 들어 돈을 벌려고 성적性的 행위를 하는 것은 아니라는 것이다. 돈을 벌려고 시 한 편을 쓰는 것은 아니라는 것이다. 성적 행위와 예술 행위는 공장에서 벽돌 한 장 찍어내는 행위와 다르다는 것이다.

사랑(혹은 에로티즘)은 금기와 밀접한 관련이 있다. 금기는 금기 위반과 또한 밀접한 관련이 있다. 금기는 위반을 전제로 한다. '신의 죽음'이 선언된 이후 '금기 위반'은 '공공연한' 용인의 대상이 되었다. 인생이 공로功勞가 아니라 그 자체로 끝나는 비극이라면 용인되지 않을 것이 없기 때문이다. 신의 죽음·인간의 죽음이 용인되었다면 용인되지 않을 것이 없기 때문이다. 광기, 살의, 정욕, 지배욕, 이기심들이 용인되었다. 옴므 파탈[치명적 남성]·팜므 파탈[치명적 여성]이 용인되었다. 에로티즘 영역에서는 마조히즘/사디즘, 동성애, 심지어 '시체 사랑' 등 그동안 금기시되었던 성도착증의 모든 세목들이 용인되었다. 문학에서 이 모든 것들이 '거행'[자행]되었다.

2

필자는 시작품 그 자체에 나타난 사랑에 주목하려고 하였다. 사랑의 시들을 작품 그 자체만 가지고 '분석'하여 가능하면 여러 사랑의 항목들을 제시해 보려고 하였다. 시인들이 만들어 놓은 사랑의 영토에 서로 다른 이름을 붙여보려고 하였다(이를테면 「나르시시스트의 사랑」, 「'기술적 재생산성 시대'의 사랑」 등). 기존의 사랑의 목록에 새로운 항목 하나라도 추가되었다면 그것은 온전히 '새로운' 사랑의 시 덕분이다.

사랑의 시들에 대한 선택은 자의적으로 이루어졌다. 하나의 사랑이 이 세상에서 단 하나뿐인 경우라면 사랑의 시는 밤하늘에 단독으로 빛나는 별과 같다. 단 하나뿐인 경우의 사랑들이 모여 하나의 별자리를 형성하였다면 그것은 이 책의 부수적 결과이다. 이 책에서는 별 하나를 충실히 보려고 하였다. 별자리를 형성하였다면 그것은 이 책을 읽는 독자에 의한 것이다.

이 책의 일부는 〈군포시민신문〉의 '박찬일의 시마을'에 실렸던 것들이다. 이 자리를 빌어 고락을 같이한 여러 운영위원 및 편집위원들에게 인사 올린다. 그리고 출판을 맡아준 〈푸른사상〉의 한봉숙 사장과 여러 직원들에게 감사 올린다. 문제는 '사랑의 시'이다. '사랑의 시'를 빌려주신 시인들에게 이 자리를 빌어 깊은 감사의 말씀 올린다.

2005. 여름

박 찬 일

차례

■머리말 • 5

제1부 제 곡조를 못 이기는 사랑

백　석　「나와 나타샤와 흰 당나귀」, 순백과 관능 • 14
한용운　「님의 침묵」, "제 곡조를 못 이기는 사랑" • 18
김수영　「죄罪와 벌罰」, 옛날 남편과 옛날 여편네 • 22
김소월　「진달래꽃」, 격정의 아이러니 • 27
김춘수　「메르헨, 혹은 하이마트」, 회상이 사랑을 끝맺는다 • 30
이형기　「낙화洛花」, "나의 사랑, 나의 결별" • 33
황동규　「갓 띄운 사랑노래」, 고통의 환희 • 37
정현종　「사랑할 시간이 많지 않다」, '사랑할 시간이 많지 않다' • 40
오세영　「물의 사랑」, 생성의 사랑 • 44
김대규　「너는 · 2」, 팜므 파탈 • 47
횔더린　「인생의 절반」, 절반의 안온 • 50

차 례

제2부 파괴의 에로티즘

안수환 「척질戚姪」, 금기의 사랑 • 54
정진규 「몸시詩 · 2」, 몸은 소통하려고 한다 • 58
이승훈 「사랑 1977」, 양면감정병존 • 61
문정희 「목을 위한 광시곡」, 파괴의 에로티즘 • 64
김동호 「독수리의 아나콘다」, 정사情死의 사랑 • 69
원구식 「가시나무새」, 영혼의 사랑, 영혼의 노래 • 73
김승희 「연鳶」, 마음의 사랑 · 몸의 사랑 • 76
손현숙 「담쟁이」, 몸의 사랑에서 마음의 사랑으로 • 80
이민하 「뫼비우스의 혀」, 마조히스트와 사디스트 • 82
여선자 「몸, 그 쓸쓸함에 대하여Ⅲ」, 영혼과 몸 • 86
이학성 「달」, 배신자의 시 • 90
천혜은 「너를 팔아 사과나무를 산다」, '시체 사랑' • 93

사랑, 혹은 에로티즘

제3부 그로테스크한 결혼

구석본 「휴대폰」, '기술적 재생산성의 시대'의 사랑 • 98
오 현 「인우구망人牛俱忘」, 성聖에 대한 사랑・속俗에
　　　대한 사랑(1) • 100
한광구 「사기막 가는 길」, 성聖에 대한 사랑・속俗에
　　　대한 사랑(2) • 105
유안진 「포스트모던한 이별식」, 포스트모던 이별과
　　　모던 이별 • 108
최승호 「인어人魚에 대한 상상」, 그로테스크한 결혼 • 111
윤제림 「재춘이 엄마」, 어머니의 사랑 • 115
박상순 「양 세 마리」, 분열된 주체의 사랑 • 118
유 하 「나의 사랑은 나비처럼 가벼웠다」, 나르시시스트의 사랑 • 123
함성호 「낙화유수」, 악덕의 사랑 • 126
박찬일 「나는 푸른 트럭을 탔다」, 유토피아 • 129
목필균 「장마」, 구심력의 그리움・원심력의 그리움 • 134
한명희 「수도사를 위한 책」, 세 가지 연애 • 138
브레히트 「마리에 대한 추억」, 순수한 사랑・절대적 사랑・
　　　허망한 사랑 • 141

차 례

제4부 백년 후의 사랑

김남조 「아가雅歌·4」, 우주적 외로움·영원한 외로움 • 146
이생진 「무명도」, '뜬눈'의 사랑 • 150
함동선 「만월滿月」, "내외"의 사랑 • 153
강은교 「사랑법」, 죽음에 대한 예감 • 156
최동호 「겨울 무지개」, 오마지의 사랑 • 159
도종환 「자목련」, 결멸하시 못하는 고통 • 161
오정국 「얼음덩어리 시」, 백년 후의 사랑 • 165
최서림 「그 여자」, 눈독들임의 사랑 • 168
조원규 「꿈결처럼」, 저 세상에서 다시 만나자 • 172
이홍섭 「초당 순두부」, 순두부와 모두부 • 176
박건자 「문」, 평생에 한 번 있는 사랑 • 179
김광남 「사는 법」, 평생을 고쳐 살게 하는 사랑 • 182
백주은 「그대의 몸속에는 사리舍利가 있다」, 국수 사리의 사랑 • 184

제1부
제 곡조를 못 이기는 사랑

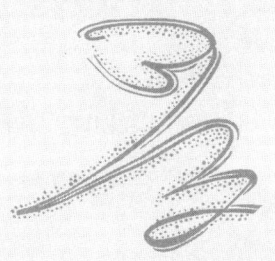

백　석　「나와 나타샤와 흰 당나귀」, 순백과 관능
한용운　「님의 침묵」, "제 곡조를 못 이기는 사랑"
김수영　「죄와 벌」, 옛날 남편과 옛날 여편네
김소월　「진달래꽃」, 격정의 아이러니
김춘수　「메르헨, 혹은 하이마트」, 회상이 사랑을 끝맺는다
이형기　「낙화洛花」, "나의 사랑, 나의 결별"
황동규　「갓 띄운 사랑노래」, 고통의 환희
정현종　「사랑할 시간이 많지 않다」, '사랑할 시간이 많지 않다'
오세영　「물의 사랑」, 생성의 사랑
김대규　「너는·2」, 팜므 파탈
횔더린　「인생의 절반」, 절반의 안온

나와 나타샤와 흰 당나귀

가난한 내가
아름다운 나타샤를 사랑해서
오늘밤은 푹푹 눈이 나린다

나타샤를 사랑은 하고
눈은 푹푹 날리고
나는 혼자 쓸쓸히 앉어 소주燒酒를 마신다
소주를 마시며 생각한다
나타샤와 나는
눈이 푹푹 쌓이는 밤 흰 당나귀 타고
산골로 가자 출출이 우는 깊은 산골로 가 마가리에 살자

눈은 푹푹 나리고
나는 나타샤를 생각하고
나타샤가 아니 올 리 없다
언제 벌써 내 속에 고조곤히 와 이야기한다
산골로 가는 것은 세상한테 지는 것이 아니다
세상 같은 건 더러워 버리는 것이다

눈은 푹푹 나리고
아름다운 나타샤는 나를 사랑하고
어데서 흰 당나귀도 오늘밤이 좋아서 응앙응앙 울을 것이다

백석(1912~1995)

순백과 관능
나와 나타샤와 흰 당나귀

"가난"한 시적 자아, "쓸쓸"해하는 시적 자아가 "아름다운" 연인["나타샤"]에게 "산골"에 있는 오두막["마가리"]에서 "살자"고 하고 있다. 시적 자아는 나타샤를 '매우' 사랑하고 있다. "눈"을 "나"리게 할 정도로 사랑하고 있다. 지금["오늘밤"] 눈이 내리는 것은 시적 자아가 나타샤를 사랑하기 때문이다. 사랑의 힘 때문이다.

두 개의 이미지가 뚜렷하다. 순백의 이미지와 관능의 이미지이다. 순백의 이미지라고 한 것은 첫째, 나타샤가 흰 얼굴의 나타샤일 것이기 때문이다. 러시아의 나타샤일 것이기 때문이다. 둘째, 눈은 흰색의 눈이기 때문이다. 셋째, "당나귀"도 "흰" 당나귀라고 했기 때문이다. 넷째, "쓸쓸"해서 "마"시는 "소주"도 '투명'의 소주이기 때문이다. 투명과 순백은 '인접의 관계'에 있기 때문이다. 관능의 이미지라고 한 것은 둘째 연에서 "흰 당나귀"를 '탄다'고 했으며 흰 당나귀는 '흰' 나타샤를 떠올리게 하기 때문이다. 네 개 연 모두에서 "눈이" "푹푹" 내린다고 했기 때문이다. '푹푹' 이 관능의 이미지이기 때문이다. 맨 끝에서 "응앙응앙 울 것이다"라고 했기 때문이다. '응앙응앙' 은 '푹푹'의 과정을 거친 이후에 태어난 생명의 울음소리처럼 여겨지기 때문이다.

　시적 자아는 낭만적 자아라고 할 수 있다. "깊은 산골 […] 마가리에"서 "살자"고 하는 자아는 현실에서 도피하는 자아로 보이기 때문이다. 낭만주의는 '현실로부터의 도피'라고 그동안 비난받아 왔기 때문이다. 혹은 현실을 '적극적으로' 외면하는 자아로 보이기 때문이다. 낭만주의의 현실로부터의 '도피'는 현실 부정 및 현실 비판에서 비롯된 것이라고 그동안 옹호되어 왔기 때문이다. 시적 자아는 발레리처럼 "세상 같은 건 더러워 버"린다고 하였다.

님의 침묵

님은 갔습니다. 아아, 사랑하는 나의 님은 갔습니다.

푸른 산빛을 깨치고 단풍나무 숲을 향하야 난 적은 길을 걸어서 참어 떨치고 갔습니다.

황금黃金의 꽃같이 굳고 빛나는 옛 맹서盟誓는 차디찬 티끌이 되야서, 한숨의 미풍微風에 날라갔습니다.

날카로운 첫 키쓰의 추억은 나의 운명의 지침을 돌려 놓고, 뒷걸음쳐서 사러졌습니다.

나는 향기로운 님의 말소리에 귀먹고, 꽃다운 님의 얼굴에 눈멀었습니다.

사랑도 사람의 일이라, 만날 때에 미리 떠날 것을 염려하고 경계하지 아니한 것은 아니지만, 이별은 뜻밖의 일이 되고 놀란 가슴은 새로운 슬픔에 터집니다.

그러나, 이별은 쓸데없는 눈물의 원천源泉을 만들고 마는 것은 스스로 사랑을 깨치는 것인 줄 아는 까닭에, 걷잡을 수 없는 슬픔의 힘을 옮겨서 새 희망의 정수박이에 들어부었습니다.

우리는 만날 때에 떠날 것을 염려하는 것과 같이, 떠날 때에 다시 만날 것을 믿습니다.

아아, 님은 갔지마는 나는 님을 보내지 아니하였습니다.

제 곡조를 못 이기는 사랑의 노래는 님의 침묵을 휩싸고 돕니다.

한용운(1879~1944)

"제 곡조를 못 이기는 사랑"
님의 침묵

문제는 맨 끝의 "제 곡조를 못 이기는 사랑의 노래"이다. '곡조'에 갇혀 있다는 것이다. 곡조를 넘어서는 '사랑 노래'인데 곡조에 갇혀 있다는 것이다. 곡조가 사랑을 소화하지 못하고 있다는 것이다. 요컨대 사랑은 곡조 이상이라는 것이다.

곡조에 갇힌 격정이 보인다. 사랑의 격정이 보인다. 사랑의 격정이 일렁이고 있다. 곡조가 방파제처럼 막고 있다. 곡조라는 형식이 막고 있다. 터져 나가는 내용을 형식이 막고 있다. 막고 있어도 이 시가 평온한 사랑의 시가 되는 것은 아니다. 격렬함을 감추었다고 해서, 곡조가 막았다고 해서, 평온한 사랑의 시가 되는 것은 아니다. 곡조 속에 감추어진, 형식 속에 감추어진, 사랑의 격정이 더 격한 사랑의 격정으로 보인다. 노출된 사랑의 격정보다 노출되지 않은 사랑의 격정이 더 격한 격정으로 보인다. 노출된 격정은 격정일 뿐이지만 노출되지 않은 격정은, 숨겨진 격정이므로, 답답한 격정이므로, '더 심한' 격정으로 보인다.

"제 곡조를 못 이기는 사랑의 노래"는 곡조에 갇혀 있는 사랑의 노래이다. 곡조에 갇혀 있는 사랑의 노래이므로 밖에서는 들을 수 없는 사랑의 노래이다. 곡조 밖에서 보면

'소리 없는 아우성'이다. 사랑의 주체는 '소리 없는 아우성'이고 사랑의 객체는, "님"은, "침묵"이다. 주체의 '소리 없는 아우성'과 객체의 '침묵'이 서로 조응하고 있다. 소리 없는 아우성과 침묵이 서로 조응함으로써 소리 없는 아우성은 두 배의 소리 없는 아우성이다. '사랑의 성마름'(혹은 사랑의 갈증)이 두 배로 커져서 사랑의 노래가 곡조를 뚫고 나올 것 같다. 성마름이 두 배로 커져서 독서자의 가슴이 터질 것 같다. 「님의 침묵」은 가슴이 터질 것 같은 격정을 불러일으킨다.

죄罪와 벌罰

남에게 희생犧牲을 당할 만한
충분한 각오를 가진 사람만이
살인을 한다

그러나 우산대로
여편네를 때려 눕혔을 때
우리들의 옆에서는
어린 놈이 울었고
비 오는 거리에는
사십四十명 가량의 취객醉客들이
모여들었고
집에 돌아와서
제일 마음에 꺼리는 것이
아는 사람이
이 캄캄한 범행犯行의 현장現場을
보았는가 하는 일이었다
── 아니 그보다도 먼저

아까운 것이
지우산을 현장에 버리고 온 일이었다

　　　　　　　　　　　　김수영(1921~1968)

옛날 남편과 옛날 여편네
죄罪와 벌罰

여편네와 '아내를 여편네라고 부르는 자'는 무엇으로 사는가. 여편네와 "우산대로/ 여편네를 때려 눕"히는 자는 무엇으로 사는가. 사랑으로 사는 것이 아니라고 할 까닭이 없다. 한 이불 밑에서 자면서 사랑한다고 속삭이지 않을 것이라고 할 까닭이 없다. 소월의 「진달래꽃」의 사랑을 마조히스트의 사랑이라고 분석한 마광수에 기대면 ―「진달래꽃」의 화자가 "사뿐히 즈려밟고 가시옵소서"라고 한 것을 마조히스트의 사랑이라고 본 것이다 ― 우산대로 맞는 "여편네"를 마조히스트라고 할 수도 있다. 남편을 사디스트라고 할 수도 있다. 마조히스트와 사디스트의 사랑이라고 할 수 있다. 매맞는 아내와 때리는 남편을 각각 마조히스트와 사디스트라고 할 수 있다.

그러나 이 시가 마조히스트와 사디스트의 사랑의 시가 아닌 것은 사디스트는 '학대' 이후에 마조히스트를 보듬어주기 때문이다. 상처를 핥아주기 때문이다. 이 시에서는 상처를 핥아주지 않고 있기 때문이다. 상처를 핥아주는 대신, 여편네를 때린 것을 "아는 사람이 […] 보았"을까 봐 걱정하고, "버리고 온" "지우산을" "아까"워하고 있기 때문이다.

"죄"가 사람들이 보는 앞에서 여편네를 때려눕힌 일이라면, "벌"은 그에 따른 죄책감이거나 고소 고발을 받아 법정에 서는 일일 것이다. 형을 받는 일일 것이다. 「죄와 벌」의 라스콜리니코프가 살인을 하고 신체형을 받은 것처럼. 그런데 여기에서의 벌은, 여편네를 때려눕힌 일에 대한 벌은, 첫째, 범행의 현장에 아는 사람이 있었으면 어떡하나, 하는 불안감으로, 둘째, 우산을 현장에 버리고 온 것에 대한, 즉 우산을 잃어버린 것에 대한 아쉬움으로 나타난다. 물론 우산을 잃어버린 것도 벌일 수 있다. 재산상의 손실이기 때문이다.

패러디의 '풍자 효과'는 내용의 변용의 정도에 비례한다. 변용의 정도가 크면 클수록 풍자 효과도 커진다. 라스콜리니코프의 신체형이 불안감과 아쉬움으로 패러디되었다. 그러나 이 시에서 풍자는 '신체형'에 대한 풍자가 아니라 '불안감'과 '아쉬움'에 대한 풍자이다. 소시민계급의 불안감과 아쉬움에 대한 풍자이다. 소시민계급의 소시민성에 대한 풍자이다. 범행의 현장에 아는 사람이 있었으면 어떡하나, 하는 불안감이 소시민성이고, 우산을 현장에 버리고 온 것을 아쉬워하는 것이 소시민성이다. 체면과 재산을 중시하는 것이 소시민성이다.

그동안은 아내를 때리고도 별 문제가 없는 경우가 대부분이었다. 아내와 북어는 사흘에 한 번씩 때려야 한다고 하였다. 신체형을 받는 경우는 드물었다. 그런데 얼마 전에 유명 코미디언의 남편이 구속되었다. 그는 아내를 우산대가 아닌 야구 방망이로 구타하였다. 앞으로는 우산대로 구타해도 구속될 것이다.

진달래꽃

나 보기가 역겨워
가실 때에는
말없이 고이 보내드리우리다

영변에 약산
진달래꽃
아름 따다 가실 길에 뿌리오리다

가시는 걸음 걸음
놓인 그 꽃을
사뿐히 즈려밟고 가시옵소서

나 보기가 역겨워
가실 때에는
죽어도 아니 눈물 흘리오리다

김소월(1902~1934)

격정의 아이러니
진달래꽃

아이러니의 시는 격정의 시가 아니다. 아이러니는 간접적 전달이고 격정은 직접적 전달이기 때문이다. 아이러니 말고도 격정은 역설, 환유, 은유 등의 수사법과 거리가 멀다. 격정은 뒤집어 말하고, 돌려 말하고, 바꾸어 말하는 수사법들과는 거리가 멀다. 격정적으로 뒤집어 말하지 않고, 격정적으로 돌려 말하지 않고, 격정적으로 바꾸어 말하지 않기 때문이다. 그러나 「진달래꽃」을 격정의 시가 아니라고 할 수 있을까.

우선, 아이러니의 시이다. 반대로 얘기한 것이기 때문이다. "죽어도 아니 눈물 흘리오리다"라고 한 자는 눈물을 펑펑 쏟고 있는 자이다. "진달래꽃/ 아름 따라 가실 길에 뿌리오리다"라고 한 것도 아이러니의 표현이다. 환송歡送하는 것이지만 사실은 강력하게 붙들고 싶은 마음을 반대로 표현한 것이기 때문이다. "말없이 고이 보내드리우리다"라고 한 것도 마찬가지이다. 고이 보내지 않겠다는 마음의 표현이다. '십리도 못 가서 발병 난다'와 같다. 십리도 못 가서 발병날 거라는 마음이 들어가 있다.

그리고 격정의 시이다. 이 시에서 격정과 아이러니는 동전의 양면이다. 반대로 얘기했지만 언술의 의도는 같기 때문이다. 가지 말라고 하는 의도는 같기 때문이다. 오히려 반대로 얘기한 것이 더 가지 말라고 한 것으로 보이기 때문이다. 마음을 밖으로 직접 표출하기보다 안에서 타게 하는 내연(內燃)의 시도 격정의 시이다.「진달래꽃」의 아이러니는 내연의 아이러니이다.「진달래꽃」은 아이러니도 격정의 아이러니일 수 있다는 것을 보여주었다.

   사랑과 증오가 동전의 양면이라면「진달래꽃」을 증오의 시로 읽을 수 있다. 증오의 '격정의 시'로 읽을 수 있다. 이를 앙 다물고 있는 화자의 모습이 보인다. 증오하고 있는 화자의 모습이 보인다.

메르헨, 혹은 하이마트

하룻밤에 꿈을 세 번이나 꾼다.
첫 번째 꿈에 나는 소년이 된다.
탱자나무 울이 있고
샛노란 죽도화가 핀 길을 간다.
저만치 한 소녀가 간다.
가도가도 우리의 거리는
좁혀지지 않는다.
두 번째 꿈에서는
시집 와서 일 년이 된 아내가
첫 아이를 낳고
하늘하늘 어디로 날아갈 듯
얼굴이 새로 피어난다.
세 번째 꿈에 나는 또 길을 간다.
탱자나무 울이 있고 샛노란 죽도화가 피어 있는
그 길이다. 그때처럼
저만치 가고 있는 한 소녀가
갑자기 얼굴을 돌린다. 육십 년 전
아내의 얼굴과 조용히 포개진다.

김춘수(1922~2004)

회상이 사랑을 끝맺는다
메르헨, 혹은 하이마트

메르헨도 독일어이고 하이마트도 독일어이다. 김춘수는 독일과 관계 있다. '청년 김춘수와 릴케'는 중요한 비교문학적 항목이다.

메르헨Marchen은 동화이다. 하이마트Heimat는 고향이다

동화는 비합리주의적 내용을 담고 있다. 그림동화집은 판타지 소설의 원조이다. 동화의 시대, 판타지 소설의 시대는 합리주의가 기승을 부리는 시대이다. 동화와 판타지 소설은 '합리주의에 대한 외면'의 구체화이다. 낭만주의 시대는 계몽주의 이래의 합리주의가 절정을 구가하던 시대였다. 낭만주의의 대표 장르가 동화였다. '현대'도 합리주의가 절정을 구가하는 시대라고 할 수 있다. 현대는 자본주의적 생활 방식이 절정에 도달한 시대로서 자본주의 생활 방식의 가장 중요한 항목이 합리주의적 생활 방식이기 때문이다. 자본주의적 생활 방식의 절정이 판타지 소설을 출몰하게 하였다.

고향도 고향 상실Heimatlosigkeit을 전제로 한다. "별이 빛나는 창공을 보고, 갈 수가 있고, 또 가야만 하는 길의 지도를 읽을 수 있던 시대는 얼마나 행복했던가? 그리고 별빛이 그 길을 환히 밝혀주던 시대는 얼마나 행복했던가"(루카

치) 고향 상실을 두고 한 말이다.

노老 시인이 합리주의 시대에 동화 한 편을 들려주고 있다. 고향 상실의 시대에 고향을 떠올리게 하고 있다.

노老 시인은 행복한 사람이다. '저만치 가고 있는 소녀'를 붙들어 함께 살았고 또 그녀가 저만치 가는 모습을 보았기 때문이다. 사랑을 회상하였기 때문이다. 사랑이 두 사람의 사랑이라면 두 사람 중 한 사람만 회상할 수 있다. 노老 시인은 '두 사람 중 한 사람'의 경우이다. 회상이 사랑을 끝맺는다, 비록 동화 속 이야기이지만.

낙화洛花

가야할 때가 언제인가를
분명히 알고 가는 이의
뒷모습은 얼마나 아름다운가

봄 한철
격정激情을 인내한
나의 사랑은 지고 있다.

분분한 낙화……
결별訣別이 이룩하는 축복에 싸여
지금은 가야할 때, 무성한 녹음과 그리고
머지 않아 열매 맺는
가을을 향하여

나의 청춘은 꽃답게 죽는다.

헤어지자
섬세한 손길을 흔들며
하롱하롱 꽃잎이 지는 어느 날

나의 사랑, 나의 결별
샘터에 물 고이듯 성숙하는
내 영혼의 슬픈 눈.

                    이형기(1933~2005)

"나의 사랑, 나의 결별"
낙화落花

이형기의 시 중에서 가장 널리 회자되는 시. "가야할 때가 언제인가를/ 분명히 알고 가는 이의/ 뒷모습은 얼마나 아름다운가"라는 구절은 가야하는데도 가지 '않는'(혹은 못하는) 사람들에게 읊어졌다.

"가야할 때가 언제인가를/ 분명히 알고 가는" 자는 밀려서 가는 자가 아니다. 어쩔 수 없이 가는 자가 아니다. 수동/능동 중에서 '능동'인 자이다. 소극/적극 중에서 '적극'인 자이다. 반항/순응에서 순응의 자이다. 능동적으로 가려고 하는 자, 적극적으로 가려고 하는 자, 운명에 순응하는 자이다. 사라질 수밖에 없는 운명에 절대적으로 순응하는 자이다. '가는' 것은 사라지는 것이다. 죽는 것이다. 꽃이 떨어지는["지는"] 것은 사라지는 것이다. 죽는 것이다. 용감한 자세라고 하지 않을 수 없다. 가는 것은 떨리는 일이기 때문이다. 죽는 일은 떨리는 일이기 때문이다.

가는 것을 축복이라고 하고 있다("결별이 이룩하는 축복"). 가는 것을, 사라지는 것을, 예찬하고 있다. 운명에 순응하는 자세를 넘어 예찬하는 자세를 보이는 것은 예찬할 수밖에 없기 때문이다. 가지 않으려고 해도 가야하는 것을 알기 때문이다. 이왕이면 기꺼이 가주는 것이 좋기 때문이다. 기꺼이 사라지는 것이, 기꺼이 죽는 것이, 보기 좋기 때문이다. 사실대로 말하면 덜 무섭기 때문이다. 기꺼이 떨어져주겠다는 것이, 기꺼이 "낙화"하는 것이, 덜 무섭게 하는 자세이기 때문이다. 어쩔 수 없이 떨어지는 자세는 얼마나 비참한 자세인가. 도살장에 질질 끌려가는 자세는 얼마나 비참한 자세인가.

  사랑을 구걸하는 자세는 얼마나 비참한 자세인가. "헤어지자"라고 말하는 자세는 얼마나 '비참하지 않은' 자세인가. "눈"에는 "물"이 "고이"겠지만.

  구걸해서라도 사랑을 계속 갖겠다고 할 수 있다. 구걸해서라도 목숨을 계속 갖겠다고 할 수 있다. 그럴 수 있다. 용납 안 될 것이란 없다.

갓 띄운 사랑노래

눈이 오려다 말고 무언가 기다리고 있다.
옅은 안개 속에 침엽수들이 침묵하고 있다.
저수지 돌며 연필화 흔적처럼 흐릿해지는 길
입구에서 바위들이 길을 비켜주고 있다.

뵈지는 않지만 길 속에 그대 체온 남아 있다.
공기가 숨을 들이쉬고 내쉬며
무언가 날릴 준비를 하고 있다.
눈송이에 부딪쳐도 그대 상처 입으리.

황동규(1938~   )

고통의 환희
갓 띄운 사랑노래

　사랑이 시작되려는 순간 자아와 세상은 교감한다. 자아와 세상은 합일하려고 몸을 뒤튼다. 교감에서 합일로 이어지면 사랑이다. '고통과 환희가 변증하는 세계'의 주민이 된다. 그때는 빼도 박도 못 한다. 고통이 싫다고, 환희가 불안하다고, 되물릴 수 없다.

　교감이 이루어지고 있다. "눈이 오려다 말고 […] 기다리고 있다"고 하였다. "침엽수들이 침묵하고 있다"고 하였다. "바위들이 길을 비켜주고 있다"고 하였다. 사랑이 시작되려는 순간 세상의 모든 것은 사랑과 관계한다. 탄핵도, 이라크 파병도, 천도도, 사랑하기 때문에 탄핵이고, 사랑하기 때문에 이라크 파병이고, 사랑하기 때문에 천도이다. 최인훈은 『광장』에서 사랑 대신 고독이 그렇다고 하였다. 고독이 '모든 것'의 이유였다. 시인은 탄핵 대신, 이라크 파병 대신, 천도 대신, '눈'과 '침엽수'와 '바위'들을 동원하였다. 내가 사랑하기 때문에 눈이고 내가 사랑하기 때문에 침엽수이고 내가 사랑하기 때문에 바위였다. 그들은 사랑을 위해 '있'을 뿐만 아니라, 사랑을 이루라고 하고 있다. 사랑에게 "길을 비켜주고 있다."

　"공기가 숨을 들이쉬고 내쉬며", 숨을 헐떡이며, "무언가 날릴 준비를 하고 있다"고 한 것은 눈을 날릴 준비를 하고 있다고 한 것이다('눈'이라고 한 것은 첫째 연 첫째 행에서 "눈이 오려다 말"았다고 했기 때문이다). 사랑을 날릴 준비를 하고 있다고 한 것이다. 눈은 자아와 세계의 교감의 결실이다. 자아와 세계의 합일을 상징한다.

합일은 조화·화해의 합일이 아니다. 고통과 환희가 변증하는 합일이다. 고통과 환희 중에서 시인이 더 강조하는 것은 고통이다. "눈송이에 부딪쳐도 그대 상처 입으리"라고 하였기 때문이다. 정말 그렇지 않을까. 사랑의 영토에서는 고통이 환희를 압도하지 않을까. 고통을 환희라고 하지 않을까.

사랑할 시간이 많지 않다

사랑할 시간이 많지 않다
아이가 플라스틱 악기를 부— 부— 불고 있다
아주머니 보따리 속에 들어 있는 파가 보따리 속에서
쑥쑥 자라고 있다
할아버지가 버스를 타려고 뛰어오신다
무슨 일인지 처녀 둘이
장미를 두 송이 세 송이 들고 움직인다
시들지 않는 꽃들이여
아주머니 밤 보따리, 비닐
보따리에서 밤꽃이 또 막무가내로 핀다

정현종(1939~　)

'사랑할 시간이 많지 않다'
사랑할 시간이 많지 않다

"아이"는 금방 "플라스틱 악기를" 버리고 딴 일에 몰두할 것이다. 콧수염이 나기 시작하면 여학생들의 '시선'에 몰두할 것이다. "보따리 속에 […] 있는 파"는 "쑥쑥 자라"지만 곧 썰어져서 라면이나 찌개 속으로 들어갈 것이다. "할아버지가 버스를 타려고 뛰어오"시지만 얼마나 더 그러시겠는가. 할아버지가 버스를 타고 뛰어오시는 것은 눈여겨 보아두어야 한다. 얼마 안 있어 못 그러실 것이기 때문이다. "처녀"들은 "장미"를 좋아한다. 처녀들은 장미를 좋아한다는 것을 알리려고 장미를 "들고" 다닌다. 남자애들이 장미를 바치기를 바라고 있다. 사랑을 고백해 주기를 바라고 있다. 그러나 장미도 얼마 안 있어 시들어버린다. 사랑이 곧 시들해지는 것처럼. "시들지 않은 꽃들이여"라고 한 것은 반어이다. 능청을 떤 것이다. 혹은 사랑은 영원한 사랑이라고 말한 것일 수도. 개별적 사랑이 영원한 것이 아니라 사랑 그 자체가 영원한 것이라고 말한 것일 수도. 아나크레온파처럼 사랑을 찬미한 것일 수도.

이제 맨 마지막 두 줄이 남았다. "아주머니 밤 보따리"에서 "밤꽃이" 피고 있다는 것이다. "막무가내로" 피고 있다는 것이다. 주책이다. 아무 곳에서나 밤꽃 냄새를 풍기는 것은 주책이다. 아주머니는 지금 어디서 오시는 길인가. 아주머니가 아니더라도 아무 때나 밤꽃 냄새를 풍기는 것은 주책이다. 그러나 어쩌겠는가. 사랑할 시간이 많지 않은 것을. 시인이 "사랑할 시간이 많지 않다"고 한 것을.

"플라스틱 악기", "파", "장미 송이"들이 '남성성'을 상징한 것으로 볼 수 있다. "플라스틱 악기를 부— 부—" 분다고 하였다. 고만고만한 나이의 아이들이 플라스틱 악기만 부는 것은 아니다. "파가 […] 쑥쑥 자"란다고 하였다. 쑥쑥 커지는 것은 파만이 아니다. "처녀"들이 "장미 […] 송이"를 "들고 움직인다"고 하였다. 장미 송이를 들고 있는 것은 손이다. 손으로 들고 '움직인다고' 한 것이다. 남성성이 맨 끝에서 "밤꽃"으로 폭발하였다고 할 수 있다.

어쨌거나 사랑할 시간이 많지 않다. 아이가 금방 자라는 것처럼, 할아버지께서는 어느 날 갑자기 보이지 않게 될 것처럼, 모든 것은 변하기 때문이다. 움직이기 때문이다. 꽃이 시들지 않는다고 했으니까 사랑도 시들지 않는다고 한 것으로 보이지만 사실은 사랑도 시들기 때문이다. 그러므로 사랑할 시간이 많지 않기 때문이다. 시들지 않는 꽃을 본 적 있는가.

생산미학적으로 접근할 수 있다. 움직이는 "아이", 움직이는 "보따리 속"의 "파", 움직이는 "할아버지", 움직이는 "처녀 둘", 움직이는 "밤꽃"들이 시인으로 하여금 "사랑할 시간이 많지 않다"로 시작하는 시를 쓰게 하였다. 움직임은 언젠가 끝나게 되어 있기 때문이다. 움직임이 끝나면 사랑도 끝나게 되어 있기 때문이다. 현재진행형이 움직임을 '강화' 시키고 있다. 관념의 세계에서 나와 구체적 물상의 세계로 들어오라고 한 것일 수 있다.

물의 사랑

인간이 불로 어두움을 밝힌다면
자연은 그것을 불로 밝힌다.
계곡은 하나의 거대한 도시,
수맥의 전류로
휘황하게 타오르는 색색의 꽃들을 보아라.
어떤 것은 길가의 가로등으로 서 있고 어떤 것은 주택의
조명등으로 서 있고 또 어떤 것은 상가의
네온사인으로 반짝이지만
모든 꽃은 물로 달구어진 필라멘트다.
등꽃 가로등 밑을 분주히 오가는 토끼 자동차,
아카시아 조명등 아래서 야근하는 일벌 노동자,
백목련 탐조등을 따라 막 이륙하는 뻐꾹 비행기,
포플러 높은 가지 위의 관제탑에선
까치의 교신이 한창이다.
생명은 물로 사는 기계,
인간도 이와 같아라.
사랑 또한 나와 너 사이를 흐르는
수맥이 아니던가.

오세영(1942~)

생성의 사랑
물의 사랑

　사랑은 불의 사랑이기 쉽다. 뜨거움의 사랑이기 쉽다. 「물의 사랑」의 낯설게 하기는 여기에서 시작한다.
　물의 사랑을 "수맥"의 사랑이라고 하고 있다. 수맥이 생명을 현상하기 때문이다. 현상은 필름현상의 현상development이다. 눈에 보이지 않던 잠상潛像은 현상액 속에서 최초로 모습을 드러내게 된다. 현상은 액체[물]에 의한 현상이다.
　배경은 "계곡". "꽃은 물로 달구어진 필라멘트"이다. "토끼"는 "자동차"이고, "일벌"은 "노동자"이고, "뻐꾹"은 "비행기"이다. "까치"는 "관제탑에"서 "교신"하고 있다. 모든 것이 생명을 현상하는 물 때문이라고 하고 있다. 수맥 때문이라고 하고 있다. "생명은 물로 사는 기계"이다.
　이 시의 낯설게 하기는 또한 문명을 자연에 대한 알레고리로 사용한 데 있다(보통은 자연을 문명에 대한 알레고리로 사용한다). 예를 들어 토끼를 자동차, 일벌을 노동자, 뻐꾹을 비행기라고 한 것이 그것이다. 까치가 관제탑에서 교신한다고 한 것이 그것이다. 문명을 자연의 일부로 보았기 때문이 아니라, 자연을 문명의 일부로 보았기 때문이다. 문명을 자연의 일부로 보는 것도 생태학적 사유이고, 자연을 문명의 일부로 보는 것도 생태학적 사유이다. 전자는 인간

중심주의를 부정하는 '근본적 생태주의'의 입장이고, 후자는 '지속 가능한 발전'에 무게를 두는 '제한적 생태주의'의 입장이다.

불의 사랑이 파괴의 사랑이기 쉽다면, 물의 사랑은 '생성의 사랑'이기 쉽다. 생성의 사랑을 제시하였다면 생성의 사랑을 하라고 한 것이다. 파괴의 사랑을 하지 말고.

너는 · 2

너는 흰 눈이다.
밟고 싶다.

너는 꽃이다.
꺾고 싶다.

너는 물이다.
빠지고 싶다.

너는 불이다.
나는 탄다.

김대규(1942~   )

팜므 파탈
너는 · 2

'팜므 파탈'은 '치명적 여자'라는 뜻. 옴므 파탈은 '치명적 남자'라는 뜻. 물론 팜므 파탈은 남자에 대해서이다. 옴므 파탈은 여자에 대해서이다. 19세기 말 이후 팜므 파탈이 문화 용어로 정착된 것은 남성 주도 사회 때문이다. 남성 주도 사회가 옴므 파탈보다 팜므 파탈에 눈 돌리고 귀 기울이게 했다.

그러나 팜므 파탈의 '현실성' 또한 만만치 않다. '여자가 한을 품으면 오뉴월에 서리가 내린다.' '여자의 질투는 질투 대상이 파멸했을 때 비로소 해소된다.' 남자들은 '치명적인 여자'에게 기꺼이 치명상을 입고 싶어한다. 치명상을 입을 줄 알면서 치명상을 입는다.

시에서 시인은 "물"에 "빠지고 싶다"고 하였다. 물에 빠져 죽고 싶다고 한 것이다. "불"에 "탄다"고 하였다. 불에 타 죽고 있다고 한 것이다. 물과 불은 각각 여성을 상징했다고 할 수 있다. '치명적 여자'를 상징했다고 할 수 있다. 치명적 여자라고 한 것은 모든 여자에게 빠져 죽고 싶어하지는 않기 때문이다. 모든 여자에게 타서 죽지는 않기 때문이다.

물과 불을 남자를 상징하지 않고 여자를 상징했다고 한

것은 첫째 연의 "흰 눈"이 여성성이고, 둘째 연의 "꽃" 또한 여성성이기 때문이다("밟"히는 것이 여성성에 가깝고 "꺾"이는 것이 여성성에 가깝기 때문이다). 셋째 연의 "물"도, 넷째 연의 "불"도 여성성일 것이기 때문이다. 시적 자아를 분열된 시적 자아로 보게 하는 단서가 없기 때문이다. 흰 눈과 꽃은 여성성으로, 물과 불은 남성성으로 간주하게 하는 단서가 없기 때문이다.

 주목되는 것은 "밟고 싶다", "꺾고 싶다", "빠지고 싶다"라고 하다가 끝에서 (나는) "탄다"라고 한 것이다. '~싶다'라는 원망형願望形의 표현이 '탄다' 라는 현재 진행형現在 進行形의 표현으로 바뀌었다. 의도적이라고 할 수밖에 없다. 세 번 소원해서 이루어졌다? '셋' 은 완전수?

인생의 절반

들장미로 가득한 대지가
노랗게 익은 배들과 함께
호수 속에 드리워져 있다
너희들 사랑스러운 백조들이여
입맞춤에 취해
성스럽고 명징한 물에
머리를 담그는구나

마음이 아프다, 겨울이 되면
어디에서 꽃을 받을까 어디에서
햇볕을 받을까
대지의 그림자를 받을까
성벽들은 말없이 추운 모습으로
높이 서있고 바람에
깃발들이 덜그럭거린다

프리드리히 횔더린(1770~1843)

절반의 안온
인생의 절반

("호수")물은 안온Geborgenheit을 상징한다. 안온한 집을 상징한다. 구체적으로 말하면 백조들의 안온한 집이다. 호수물이 안온을 상징했다고 하는 것은 "들장미로 가득한 대지가/ 노랗게 익은 배들과 함께" 호수 속에 들어와 있기 때문이다. 따로따로 있지 않고 함께 있기 때문이다. 다시 말해 들장미와 노랗게 익은 배들이 들어와 있는 호수가 안온하다. '모든 것'이 함께 하고 있는 호수가 안온하다. '모든 것'이 함께 하고 있다는 점에서 낙원의 세계라고 할 수 있다. 분열이 없고 소외가 없다는 점에서, 헤겔식으로 말하면, 총체성(혹은 신성)이 구현된 세계라고 할 수 있다. 총체적 세계상은 시에서는 "성스럽고 맑은 물"이라고 표현되었다.

둘째 연의 "대지의 그림자"는 물에 비친 대지의 그림자이다. "꽃"이 있고 "햇볕"이 있는 대지의 그림자이다. 꽃은 첫째 연의 "들장미"이다. 햇볕은 첫째 연의 "배"를 노랗게 익게한 햇볕이다. 물과 '대지'[꽃과 햇볕]의 그림자는 함께 있어 안온한 집이었다. 그러나 시인은 "어디에서 꽃을 받을까 어디에서/ 햇볕을 받을까/ 대지의 그림자를 받을까"라고 영탄하였다. 꽃은 사라졌다. 햇볕은 떠나고 없다. 그러므로 물에 드리워진 대지의 그림자도 없다. 분열이 온 것이다. 대지와 물의 분열이 온 것이다. 더 이상 안온하지 않은 것이다. 더 이상 안온한 집이 안 되는 것이다. 들장미와 노랗게 익은 배가 있는 대지의 시대는 가버렸다. 더불어 들장미와 노랗게 익은 배가 있는 대지를 품은 "성스럽고 명징한 물"의 시대는 지나가버렸다. 지금 대지는 "말없이 추운 모습"을 하고 있는 "성벽들"의 대지이고 "바람" 부는 대지이다. 그리고 물은 어디 갔는가. 호수는 어디 갔는가. 호수에 대한 언급이 더 이상 없는 것으로 보아 호수는 "말없이 추운 모습"을 하고 있는 "성벽들"의 대지와 "바람" 부는 대지를 더 이상 품을 마음이 없는 호수이다. 이것만도 다행이지 않을까(?). 인생의 절반은 안온의 집에서 거하고, 나머지 인생의 절반은 분열의 집에서 거하고.

 '사랑의 시'로 읽을 수 있다. "백조들"의 "입맞춤"을 사랑하는 사람들의 입맞춤으로 읽는 것이다. 사랑하고 있을 때 세상은 안온하게 느껴졌으나 사랑이 떠났을 때 세상은 안온하지 않게 느껴지는 것이다. "겨울"로, 춥고 "바람" 부는 세상으로, 보이는 것이다.

제2부
파괴의 에로티즘

안수환 「척질戚姪」, 금기의 사랑
정진규 「몸시詩·2」, 몸은 소통하려고 한다
이승훈 「사랑 1977」, 양면감정병존
문정희 「목을 위한 광시곡」, 파괴의 에로티즘
김동호 「독수리와 아나콘다」, 정사情死의 사랑
원구식 「가시나무새」, 영혼의 사랑, 영혼의 노래
김승희 「연鳶」, 마음의 사랑·몸의 사랑
손현숙 「담쟁이」, 몸의 사랑에서 마음의 사랑으로
이민하 「뫼비우스의 혀」, 마조히스트와 사디스트
여선자 「몸, 그 쓸쓸함에 대하여Ⅲ」, 영혼과 몸
이학성 「달」, 배신자의 시
천혜은 「너를 팔아 사과나무를 산다」, '시체 사랑'

척질戚姪

나에게 안부를 묻지 않으니

손발이 저린 것을 말하지 않을 테다
줄담배를 피운다고 말하지 않을 테다
진천을 지나 지금 제천으로 가는 중이라고
말하지 않을 테다

제천에 가서 혹여 하느님을 만나더라도
입을 꼭 다물고 말하지 않을 테다

내가 누구의 척질戚姪이라는 것도
그리고 또 누구의 정부情夫라는 것도

안수환(1942~   )

금기의 사랑
척질戚姪

시는 말하는 것이다. 폭로하는 것이다. 쓰지 않으면 못 배기게 하는 충동이 폭로하게 하는 것이다. 시인이 "말하지 않을 테다"라고 한 것은 역설이다. 말하고 싶다고 한 것이다. "손발이 저"리다고 말하고 싶은 것이다. "줄담배를 피운다"고 말하고 싶은 것이다. "진천을 지나 지금 제천으로 가"고 있다고 말하고 싶은 것이다. "누구의 척질戚姪"이라고 말하고 싶은 것이다. 무엇보다도 사랑하고 있다고 말하고 싶은 것이다. 금기의 사랑을 하고 있다고 말하고 싶은 것이다. "누구의 정부情夫"라는 것을 말하고 싶은 것이다. 금기의 사랑일수록, 이루어질 수 없는 사랑일수록 감추기가 힘들다. 가난보다 감추기가 힘들다. 재채기보다 감추기가 힘들다. 사랑하고 있다고 말해야 한다. 사랑하는 사람에게 사랑하고 있다고 알려야 한다. 사람들에게 나는 누구를 사랑하고 있다고 알리고 싶다.

그러고 보면 시인은, 시적 화자는, 사랑하고 있기 때문에 손발이 저리다고 한 것인지 모른다. 사랑하고 있기 때문에 줄담배를 피운다고 한 것인지 모른다. 진천을 지나 제천으로 가는 것은 사랑하는 사람을 만나기 위해서인지 모른다. "누구의 척질"이고 "누구의 정부"라고 한 것은 사랑하는 사람이 있다는 것을 폭로함과 아울러 그 사랑이 금기의 사랑이라는 것을 암시하려 한 것인지 모른다. 정부情夫 · 정부情婦 관계의 사랑은 금기의 사랑이다. 더욱이 '누구의 정부'와 '누구의 척질'이 동일인이라면 더더욱 금기의 사랑이다.

 문제는 세 번째 연이다. "하느님을 만나더라도" 사람들에게 하느님을 만난 것을 "말하지 않"겠다고 한 것인지, "하느님을 만나더라도" 하느님에게 "말하지 않"겠다고 한 것인지. 앞의 해석은 "안부를 묻지 않으니"까 "말하지 않"겠다는 첫째 연, 둘째 연의 이런저런 사연들의 연장선으로 보는 것이다. 기의 하나가 추가된 것이라기보다 기표 하나가 추가된 것쯤으로 보는 것이다. '의미'에 큰 의미를 두지 않는 것이다. 이 시를 '사랑의 시'로 읽는다면 뒤의 해석이 더 설득력 있다. 더구나 그 사랑이 금기의 사랑이라고 한다면. 사랑이 하느님에게도 털어놓을 수 없는 사랑이기 때문이다. 하느님에게 털어놓으면, 고해하면, 잘못을 인정하는 것이기 때문이다. 잘못을 인정한 사랑은 끝난 사랑이기 때문이다. 시인은 사랑을 끝내고 싶지 않기 때문이다. 잘못을 인정하고 싶지 않기 때문이다.

"안부를 묻지 않"는 자는 누구인가. 시인으로 하여금 "말하지 않을 테다"라고 다짐하게 하는 자는 누구인가. 사람들이여, 시인에게 안부를 물어 달라, 그가 말하게 하라, 그가 시를 쓰게 하라, 그가 심중에 있는 말을 폭로하게 하라, 그가 '누구의 정부'라는 것을 말하게 하라.

몸시詩 · 2

그것은 배고픔올시다 한 나무가 당당하다 하오나 바람
이 오지 않으면 외로운 몸짓을 합니다 어깨가 추워보입니
다 움직일 수 없음은 배가 고픔이올시다 배고픔 가운데
배고픔이올시다 몸을 하는 몸이올시다 여인네의 그것이
올시다 사람을 만날 수 없는 날은 나도 몸을 합니다

정진규(1939~   )

몸은 소통하려고 한다
몸시詩 · 2

 '몸을 한다'는 것은 몸 안의 시효가 지난 것들, 예를 들면 죽은 난자같은 것들을 몸밖으로 내보낸다는 것이다. 혹은, '죽은 난자'는 결핍을 상징하므로, 결핍은 욕망으로 이어지므로, 발정기 때의 짐승처럼, 교접하고 싶다는 것이다. '몸을 한다'는 것은 다른 말로 하면 '몸이 단다'는 것이다.
 인간의 암컷에게는 발정기가 따로 없다. 아니, 인류학자들에 의하면, 있었으나 없는 쪽으로 진화하였다. 인류가 나무 위에서 나무 밑으로 내려오면서 위험에 노출되는 일이 많아졌다. 암컷은 우선 직립보행을 하는 쪽으로 진화하였다. '위험'으로부터 새끼들을 업고 안고 달아날 수 있기 때문이다. 이것으로 부족해서 암컷은 발정기가 따로 없는 쪽으로 진화하였다. '강한' 수컷을 곁에 '계속' 붙잡아두기 위해서이다. 그동안 수컷들은 암컷들의 발정기를 찾아다녔다. 한 암컷의 발정기가 끝나면 다른 암컷의 발정기를 찾았다. 인류가 계속 번식할 수 있었던 것은 암컷 때문이라고 할 수 있다. 암컷의 발 빠른 진화 때문이라고 할 수 있다.
 인간의 수컷과 암컷만이 서로 사시사철 교접할 수 있

다. 사시사철 교접할 수 있는데, 그리고 교접하고 싶은데, 그렇게 하지 못하면 "외"롭다. "배고"프다. 시인은 몸을 "움직일 수 없"는 것을 '최고의 배고픔'["배고픔 가운데 배고픔"]이라고 하였다.

   인간은 어원도 그렇지만 인간 속의 인간이다. 어울려야 하는 존재이다. '몸'이 그렇게 생겨먹었기 때문이다.

   점잖게 말해 보자. 만물은 소통한다. "나무"는 "바람"과, "여인네"는 남정네와 소통하려고 한다. 시적 주체도 누군가와 소통하려고 한다. 만물萬物은 다 몸[物]. 몸이 서로 소통한다. 몸은 소통하는 몸이다.

사랑 1977

폭탄처럼 벌거벗은
얼굴과 얼굴을 맞대고
눈을 크게 뜨고

보아라
우리는 불안과 죄의
바다를 건너
드디어 폭발했다

이승훈(1942~　)

양면감정병존
사랑 1977

"폭탄"은 터지기 전의 폭탄이다. "벌거벗은" 폭탄은 터지기 전의 폭탄이다. 그 폭탄이 "폭발"하였다. 「사랑 1977」은 '폭탄'으로 시작해서 '폭발'로 끝나고 있다.

폭탄은 "사랑"을 상징한다. 사랑은 시한폭탄이다. 폭발하게 되어있는 시한폭탄이다. 폭발은 절정이다. 절정을 상징한다. 폭발은 절정이면서 '파괴'이다. 폭발은 파괴의 폭발이기 때문이다. 두 가지 경우의 파괴를 상정할 수 있다. 절정과 동시에 파괴가 시작된다고 보는 것이다. 사랑의 내리막길이 시작된다고 보는 것이다. '영원한 절정'은 없기 때문이다. 또 하나는 사랑이 '금기의 사랑'일 경우이다. 이 경우의 '사랑의 폭발'은, 사랑의 절정은, 당사자뿐만 아니라 여러 사람을 힘들게 한다. 여러 사람을 파괴한다(수류탄처럼!).

"불안"은 절정에 대한 불안이라고 할 수 있다(절정은 불안한 절정이다). 그리고 파괴에 대한 불안이라고 할 수 있다. "죄"는 죄의식이다. 절정과 파괴에 대한 죄의식이라고 할 수 있다.

사랑의 절정을 '섹스'라고 한다면 섹스에 대해 부정적 관념을 갖고 있는 자의 시라고 할 수 있다. 불안과 죄의식은 섹스에 대한 '불안과 죄의식'이다. 카프카는 섹스를 사랑에 대한 형벌刑罰로 간주하였다. 카프카에 의하면 사랑은 섹스로 완성되는 것이 아니라, 섹스로 파괴되는 것이었다.

다르게 볼 수 있다. 시적 주체는 절정을(혹은 섹스를) 간절히 염원하였고, 그것은 이루어졌다고 보는 것이다. "드디어 폭발했다"의 '드디어'에 절정에 대한 간절한 염원이 담겨 있다고 보는 것이다. "보아라/ 우리는"도 그렇다. "불안과 죄의/ 바다를 건너" "폭발"한 것을 자랑스럽게 여기는 뉘앙스이다.

'양면감정병존ambivalance'의 시라고 할 수 있다. 절정을 [혹은 섹스를] 간절히 염원하면서도 절정을 불안해하고 있다. 절정이 불러올 파장을 두려워하고 있다. 파괴를 두려워하고 있다.

목을 위한 광시곡

아름다운 신전의 대리석 기둥처럼
희고 부드러운 그대의 목을
성소에 예배드리듯
간절히 끌어안고
붉은 입술 꽃을 피우고 싶네

그대의 머리카락 속에 소소리바람 불고
그 숲에 사는 풀여치가 되어
밤새 울고싶네

그대 목에 방아쇠를 겨누고싶네
고성에 사는 드라큘라처럼
뜨거운 이빨을 거기 박고
숨소리를 우뢰처럼 흡입하고 싶네
오직 그대의 목 하나를 소유하고 싶네

문정희(1947~   )

파괴의 에로티즘
목을 위한 광시곡

바타이유에 의하면 에로티즘 이외의 시간은 건설의 시간이고 에로티즘의 시간은 파괴의 시간이다. 에로티즘은 잉여의 산물이며 잉여는 생산이 아닌 소비, 이익이 아닌 손실의 속성을 띠기 때문이다. 소비와 손실은 파괴이기 때문이다.

바타이유에 의하면 그리고 잉여는 필연적인 것이다. 에로티즘은 필연적인 것이다. 파괴는 필연적인 것이다. "태양은 결코 받는 법이 없이" 주기 때문이다. 에너지가 남아나기 때문이다.

사실 '사랑'과 죽음은(혹은 파괴는) 동전의 양면이다. 사랑하는 자는 '많이' 죽는다. 사랑 때문에 많이 죽는다. 사랑하고 있다는 것은 죽고 싶을 정도로 사랑하고 있다는 것이다. 죽이고 싶을 정도로 사랑하고 있다는 것이다.

쾌락의 정점은 죽음의 상태와 같다.

에로티즘의 파괴적 속성은 '팜므 파탈femme fatale'이라는 19세기 용어로도 설명된다. '치명적 여자', 즉 남자를 파멸시키는 여자라는 뜻의 이 말은 — 물론 남성중심주의가 낳은 용어이지만 — 에로티즘의 치명적 특성을 강조한 것으로 볼 수 있다. 팜므 파탈의 예는 구약시대에까지 거슬러 올라간다. 사도 요한이 구애를 받아들이지 않자 무희 살로메는 헤롯왕에게 요한의 목을 요구한다. 살로메는 은쟁반 위에 실려져 온 요한의 목을 본다. 죽여서라도 자기 것으로 하고 싶어하는 욕망, 아니 사랑!

문정희는 팜므 파탈이다. 문정희가 사랑하는 남자에게 문정희는 팜므 파탈이다. 원래 에로티즘은 파괴적이라고 돌려 말할 수 있다. 에로티즘은 정말 파괴적이기 때문이다. 에로티즘은 파괴를 전공했다. 즐겨 파멸당하고 즐겨 파멸시킨다. 문정희의 '사랑의 시'는 파멸당하기보다 파멸시키는 사랑을 담은 '사랑의 시'이다.

점층법 구조의 시이다. 첫째 연에서 "목"은 "희고 부드러운" 목으로서 "간절히 끌어안고" 싶은 목이나, 셋째 연에서 '목'은 "방아쇠를 겨누고 싶"은 목, "드라큘라처럼/ 뜨거운 이빨을 거기 박고/ 숨소리를 […] 흡입하고 싶"은 목이다. "오직 그대의 목 하나를 소유하고 싶네"로 시는 끝나고 있다. 죽이고 싶은 사랑을 하는 자의 시라고 말할 수밖에 없다. 목을 소유하고 싶다는 것은 죽이고 싶다는 말과 같다.

사랑하는 자에게 목을 내맡기는 것은 사실 목숨을 내맡기는 것이다. '내' 목숨을 가져가 달라고 하는 것이다. 목을 맡은 자는 정말 목을 '딸' 수 있다. 시적 자아는 사랑하는 자가 목을 내어놓을 때 정말 목(숨)을 따고 싶어한다. 죽이고 싶어한다. 죽이고 싶을 정도로 사랑하고 있는 자가 쓴 시.

　다른 관점으로 읽을 수 있다. 사랑은 사랑인가. 사랑하는 것은 사랑하는 것인가. 무슨 말인가 하면, 사랑하는 것이 사랑이 아니라, 사랑하고 있는 자기 자신을 사랑하는 것이 사랑이 아닌가, 라는 것이다. 사랑은 자기애自己愛가 아니냐는 것이다. 「젊은 베르테르의 슬픔」에서 베르테르의 로테에 대한 사랑은 이루어질 수 없는 사랑으로 발전하였다. 이루어질 수 없는 사랑을 가장 손쉽게 끝내는 방법은 죽음이다. 당사자 중에 한 사람이 죽으면 그 사랑은 종료된다. 베르테르는 권총자살로 '사랑'을 종료시켰다. 「로미오와 줄리엣」의 로미오와 줄리엣은 둘 다 죽는다. 「간계와 사랑」(쉴러)의 페르디난트와 루이제의 경우도 둘 다 죽는다. 둘 다 죽음으로써 사랑이 종료되었다. 문정희의 경우는 위의 어느 경우와도 다르다. 그러나 만약 '같은' 이루어질 수 없는 사랑의 경우라고 가정하면 문정희 시인의 시적 자아가 더 설득력 있는 것으로 보인다. 보다 있을 수 있는 경우로 보인다. 내가 죽음으로써 사랑을 종료시키는 것이 아니라, 상대방이 죽음으로써 사랑이 종료되는, 혹은 상대방을 죽임으로써 사랑을 종료시키는 것이. 사실대로 말하면 사랑은 자기애가 아니냐는 것이다. 숭고한 사랑은 '무슨 숭고한 사랑이냐' 는 것이다.

다르게 읽을 수 있다. "오직 그대의 목 하나를 소유하고 싶네"에서 '오직' 이란 부사에 주목하는 것이다. '오직' 이란 부사가 함유하는 것은 다른 것은 아니라는 것이다. 다른 것은 필요 없다는 것이다. 오직 사랑만 있으면 된다는 것이다. 사랑하는 사람의 목(숨)만 있으면 된다는 것이다.

독수리와 아나콘다

독수리, 하늘을 빙빙 돌다가
탐스런 것 보면 쏜살같이 내리꽂혀
채가 버린다. 그의 매서운 눈부리
따를 자 있을까

아나콘다, 밀림 속 자기의 영역
의연히 지키다가 침범하는 자 있으면
번개처럼 휘감아 질식시켜 버린다
거대한 그녀의 장력 당할 자 있을까

둘의 싸움!

독수리 쏜살같이 내리닥쳐
칼날 부리 아나콘다의 가슴에 꽂았다
그러나 이번만은 실수였다. 무서운 포옹!
무슨 포옹이 이런 포옹이 다 있단 말인가
휘감아 조여오는 포옹 견디지 못해
하늘의 제왕도 그만 숨 거두고 말았다
그러나 아나콘다도 이번만은 실수였다

조이면 조일수록 더욱 깊이 파고 들어오는
독수리의 부리, 가슴에 꽂힌 비수!
아마존 강물만큼 피 많이 쏟고
대지의 여왕도 결국 숨 거두고 말았다

남녀여 싸우지 마라

김동호(1934~   )

정사情死의 사랑
독수리와 아나콘다

맨 밑의 "남녀여 싸우지 마라"가 이 시의 전언으로 보인다.

그러나 남녀가 싸우지 않을 수 있겠는가. 싸우지 않는 남녀가 남녀라고 할 수 있겠는가. 시에서도 싸우는 남녀의 모습을 보여주고 있지 않은가. 시인은 싸우면 죽으니까["숨 거두"니까] 싸우지 말라고 한 것 같다.

다시 말하면 싸우지 않는 남녀는 남녀가 아니다. 서로 사랑하는 남녀가 아니다. 싸움은 사랑을 전제로 하기 때문이다. 사랑하지 않으면 싸우지 않기 때문이다.

그리고 사랑은 죽음을 동경하게 되어있다. '영원한 사랑'이 이루어지는 것은 단 한 가지 경우뿐이다. 사랑할 때 죽는 것이다. 사랑은 틀림없이 변하기 때문이다. 사랑의 감정은 3년을 넘기지 못한다고 '사랑학' 학자들은 말하기 때문이다. "독수리"와 "아나콘다"는 영원한 사랑을 위하여 정사情死하였다.

죽음을 동경하지 않는 사랑은 '적당한 사랑' 이다. 죽음과 바꾸지 않으려는 사랑은 적당한 사랑이다. 3년 뒤에 다른 사랑을 구하면 된다. '도시의 사냥꾼들' 의 사랑이다. 적당한 사랑이 좋다고 하는 도시인들, 가벼운 사랑이 좋다고 하는 도시인들.

「독수리와 아나콘다」를 '사랑의 시'로 볼 수 있는 것은 "독수리"가 "부리"를 "아나콘다의 가슴에 꽂았다"고 했기 때문이다. 가슴은 사랑의 가슴이기 때문이다. 이에 부응하여 아나콘다가 독수리를 "휘감아 […] 포옹"했다고 했기 때문이다. 포옹은 사랑의 포옹이기 때문이다.

가시나무새

……오래 전에 내 몸을 떠난 영혼이 버려진 들녘 가시나무에 걸려 있더라. 시든 꽃과 병든 꽃만 무심한 들녘에 벗어놓은 잠옷처럼……

슬퍼라 내 영혼은
가는 실바람 한 올에도
몸을 제대로 가누지 못하면서
사랑 하나에
목숨이 걸려 있더라

…… 세상은 피고 지는 꽃들로 가득한데 버려진 들녘 가시나무에 내 영혼이 걸려 있더라. 시든 풀과 병든 풀만 무심한 주위엔 들새 한 마리 살지 않더라……

원구식(1955~   )

영혼의 사랑, 영혼의 노래
가시나무새

영혼을 거는 것은 목숨을 거는 것이다.

'영혼의 사랑'이 있고 '몸의 사랑'이 있지만 몸의 사랑이 아무려면 영혼의 사랑만 하겠는가. 몸의 사랑이(혹은 몸의 사랑만으로) 목숨을 걸겠는가. 니체는 영혼은 몸의 일부라고 했지만, 영혼/몸의 이항대립에서 몸을 우위에 두었지만, 사랑에 관한 한 그렇지 않다. 사랑에 관한 한 몸은 영혼을 따라가지 못한다. 물론 영혼의 사랑이 있으면 몸의 사랑이 없겠는가. 영혼을 바쳤다면 몸도 바쳤겠지.

"영혼"이 "오래 전에 […] 몸을 떠"났다고 하였다. 몸 없는 '영혼의 사랑'을 하고 있다고 하였다. 시인은 영혼을 "벗어놓은 잠옷"에 비유하였다. 벗어놓은 잠옷에는 몸이 없다. 그래서일까. 시인은 영혼이 사는 곳을 "시든 꽃과 병든 꽃만 무심한 주위엔 들새 한 마리 살지 않"는 "들녘"이라고 하였다.

"가시나무새"가 죽기 직전에 날카로운 가시로 제 몸을 찔러 아름다운 노래를 부른다는 (전설상의) 그 가시나무새라면 이 시는 시인이 종착점에서 부르는 마지막 '노래'라고 할 수 있다. "영혼이 […] 가시나무에 걸려 있"다고 하였다. 가시나무에 걸려 있는 영혼은 가시나무의 가시에 찔리지 않겠는가. 가시나무새처럼 마지막 노래를 부르지 않겠는가. 영혼을 가시나무새로 보는 것은 끝에서 "주위엔 들새 한 마리 살지 않"다고 한 것에서도 확인된다. 가시나무는 있고 새는 없다고 한 것이다. 영혼이 새를 대신하고 있다.

　절명시라고 할 수 있다. "사랑 하나에/ 목숨이 걸려 있"다고 했으므로 '사랑에 의한 절명'의 시로 보는 것이다. 시인은 '목숨을 건 사랑'을 하고 있다.

연鳶

어느 날 바람 부는
언덕에 연이 뜨면
내 소식인 줄 알아,
어떤 바람 부는 날
휘날리는 언덕에 휘날리는 연이
펄-
펄-
훨- 훨-
할 말은 있는데
할 말은 잊은 채
신열이 끓어
신열이 끓어
그것은 나,
내 마음일 줄 알아,
벗지 못한 치마가
벗지 못한 가슴이
그렇게 펄- 펄-
연은 그런 것
훨- 훨-

펄- 펄-
그렇게 앓는 것

김승희(1952~   )

마음의 사랑 · 몸의 사랑
연鳶

"펄- 펄-"은 무겁고 "훨- 훨-"은 가볍다(상대적으로 그렇다는 것이다). 펄펄은 몸과 관계하고 훨훨은 마음과 관계한다. 몸은 현실이다. 현실이므로 한계[구속]를 표상한다. 마음은 이상이다. 이상이므로 자유를 표상한다. 훨훨 "치마"를 "벗"고 싶고 훨훨 "가슴"을 "벗"고 싶었는데, 마음은 그러고 싶었는데, 몸이 따라주지 않았다. 펄펄 "신열"만 "끓"이고 말았다. 연은 현실과 이상을 동시에 표상하고 있다. 펄펄 나는 연은 땅에 가까운 연이고, 그러므로 현실의 연이고, 훨훨 나는 연은 하늘에 가까운 연이고, 그러므로 이상의 연이다. (시인은 앞에서 펄펄, 훨훨의 순서로 썼고, 끝에 가서 훨훨, 펄펄의 순서로 썼다. 펄펄, 훨훨의 순서로 쓴 것은 연이 펄펄 날다가 더 멀리 올라가면 훨훨 날기 때문이다. 뒤에 가서 훨훨, 펄펄의 순서로 쓴 것은 연이 훨훨 날다가 펄펄 날게 되기 때문이다. 현실의 무게를[중력을] 견디지 못하게 되기 때문이다.)

현실의 연과 이상의 연을 동시에 표상하였으므로 현실과 이상의 괴리를 표상한 시라고 할 수 있다. 비가悲歌라고 할 수 있다. 그렇다, 「연」은 현실과 이상의 괴리를 말하는 비가悲歌이다. 마음은 있는데 몸이 따라주지 않았던

[않는] 자의 시이다. 마음으로는 사랑했는데[사랑하는데] 몸으로는 사랑하지 못했던[못하는] 자의 시이다. 애절한 사랑의 시이다.

담쟁이

온몸으로 너를 더듬어서
변변한 꽃 한번 피워내지 못했지만
상처 많은 네 가슴
내 손으로 만지면서
담장 끝
너를 보듬어 오르다 보면
그때마다
사랑이니 뭐니
그런 것은 몰라도
몸으로 몸의 길을 열다 보면
알 길 없던 너의 마음
알 것도 같아
캄캄했던 이 세상
살고 싶기도 하다.

손현숙(1959~   )

몸의 사랑에서 마음의 사랑으로
담쟁이

시인에 의하면 "담쟁이"는 연민하는 자이다. "상처 많은 네 가슴/ 내 손으로 만"진다고 했기 때문이다. '네 가슴'은 "담장"의 가슴이다.

둘째, 담쟁이는 사랑 없이 몸으로 몸을 만지는 자이다. 몸을 만지다가 마음을 알면 됐지 사랑이 중요하지 않다고 하는 자이다. "사랑이니 뭐니/ 그런 것은 몰라도/ 몸으로 몸의 길을 열다 보면/ 알 길 없던 너의 마음/ 알 것도 같"다고 했기 때문이다. 보통의 '관계'는 마음의 관계에서 몸의 관계로 이어지는데 여기에서는 몸의 관계에서 마음의 관계로 이어지고 있다.

'몸'으로 시작한 것을 '실천적' 연민 때문이라고 할 수 있다. 마음으로의 연민이 아닌, 몸으로의 연민이 몸의 "상처"를 "만지"게 하였다고 보는 것이다. 몸으로 헌신하다가 '너의 마음'을 알면 좋고, 그렇지 않으면 말고. 어차피 일방적 연민에서 시작한 것. '무엇'을 기대했던 것이 아니므로.

주목되는 것은 "너의 마음/ 알 것도 같아/ 캄캄했던 이 세상/ 살고 싶기도 하다"라고 한 것. '너의 마음'을 알게 된다는 것은 매우 중요한 것. 살고 싶은 마음이 들게 했으므로 매우 중요한 것. '너의 마음'은 무엇? 사랑말고 무엇?

뫼비우스의 혀

내 연인은 지붕 위에 올라 녹색 루즈를 바른다
학교에 가지 않는다고 집에서 쫓겨난 남자
무슨 소용이에요 아버지, 벽에 줄줄 내리는 비가 쇠창살인 걸요
그는 오늘도 내가 준 지폐에 노란 매니큐어로 편지를 쓴다
넥타이를 매다 말고 나는 연인의 꼬리를 만져 준다
바닥까지 늘어뜨린 그의 꼬리에서 불에 타다 만 풀 냄새가 난다
지붕 위의 그가 불안해 꼬리를 잡아흔들어 방바닥으로 떨어뜨린다
편지에 쓴 철자법을 검사하고
스타킹처럼 달라붙는 교복 안에 그를 집어넣고 밀봉을 한다
해질녘 돌아와 보면 그의 끈적한 타액이 여기저기 어질러져 있다
혓바닥이 스친 벽마다 비린내가 슬고 있다
나는 연인을 식탁 위에 올려 놓고 사료를 준다
그의 혀 끝에 달린 플러그를 내 입에 꽂고

그에게 이름을 붙여 준다 저녁이면

잊어버리는 그의 발음을 입 안의 채찍으로 상기시킨다
연인은 밤새 오물오물 우우거린다
잠들기 전 나는 연인의 혀와 꼬리를 둥글게 말아
내 몸 안에 밀봉을 하고 마지막 지퍼인 두 눈을 잠근다

이민하(1967~   )

마조히스트와 사디스트
뫼비우스의 혀

시인은 '시'에 성공하고 있다. 독자로 하여금 몇 번씩 읽도록 하고 있기 때문이다. 몇 번씩 읽어도 모범답안이 나올 것 같지 않기 때문이다.

"연인"을 가둬놓고 사육하는 자의 시라고 할 수 있다. "교복 안에" "밀봉"하듯 가두어 놓고 있기 때문이다. "식탁 위에 올려 놓고 사료를 주"기 때문이다. "꼬리"Schwanz는 "남자"의 성기를 상징하는 것이다. "꼬리를 만져준다"고 하는 것은 성기를 만져준다고 하는 것이다. 아침에는 ― "넥타이를 매다 말고" 꼬리를 만져주니까 아침이다 ― 성기를 만져주고, 저녁에는 ― "해질녘 돌아오"니까 저녁이다 ― 그의 혀에 키스를 한다("그의 혀 끝에 달린 플러그를 내 입에 꽂"는다). "불에 타다 만 풀 냄새"는 애액 냄새라고 할 수 있다. 불은 정념의 불이다. 정욕의 불이다.

입 안의 혀를 "입 안의 채찍"이라고 했으므로 사디스트의 시라고 할 수 있다. 가두어놓고 사육하고 있으므로 사디스트의 시라고 할 수 있다. 연인과 시적 주체의 관계는 마조히스트와 사디스트의 관계라고 할 수 있다. 연인은 사디스트를 벗어날 수 없다. 사디스트[시적 주체]는 잘 때도["잠들기 전"에] 연인의 "혀와 꼬리를" 자기 "몸 안에 밀봉을"

해놓고 자기 때문이다. 시적 주체는 연인을 소유하고 있다. 소유의 사랑을 하고 있다.

"뫼비우스의 혀"는 혀의 안과 밖이 없다는 것이다. '뫼비우스의 띠'에서 '띠'는 안과 밖이 없는 띠이기 때문이다. 시적 주체는 연인을 완벽하게 소유하고 있으므로 시적 주체와 연인의 관계는 뫼비우스의 띠처럼 안과 밖이 없는 관계이다. 내외하지 않는 관계이다. 한 몸의 관계이다. 마조히스트와 사디스트의 관계는 한 몸의 '잘 맞는' 관계이다.

"지붕 위에 올라"간 연인이므로 연인은 고양이일 수 있다. "식탁 위에 올려놓고 사료를 준다"고 했으므로 연인은 고양이일 수 있다. "혓바닥이 스친 벽마다 비린내가 슬고 있다"에서 '혓바닥'은 고양이의 혓바닥일 수 있다. "꼬리"는 고양이의 꼬리라고 할 수 있다. 시적 주체는 고양이를 '몹시' 사랑하고 있다고 할 수 있다.

몸, 그 쓸쓸함에 대하여 Ⅲ

땅속은 색채의 바다
많은 물감들이 섞인 검은 바다
노란색 물감 뽑아
꽃을 피우는 산수유, 개나리
붉은 진달래, 복사꽃
푸른 잎을 피우는 모과나무, 감나무
해마나
잘도 찾는다

몸은 영혼이 찾아낸 집
영혼은 몸이 찾아낸 주인
내 몸과 영혼이 사람의 바다에서
찾아낸 당신은
나의 꽃인가?
해마다 바뀌지 않는 진달래의
붉은 꽃잎인가?

그런데, 왜,
내 영혼은 몸을,

내 몸은 영혼을

버거워하는가?

나는 당신을 아프게……
당신은 나를 쓸쓸하게 하는가?

여선자(1957~   )

영혼과 몸
몸, 그 쓸쓸함에 대하여 Ⅲ

　꽃나무들은 "땅속"에 있는 "많은 물감들" 중 하나의 물감을 "뽑아/ 꽃을 피"워낸다고 하는 것. "산수유"와 "개나리"는 "노란색 물감"을 뽑아 노란 꽃을 피워내고, "진달래, 복사꽃"은 붉은 색 물감을 뽑아 "붉은" 꽃을 피워낸다는 것이다. 이 시의 핵은 그러나 여기에 있지 않다. 물감과 꽃은 각각 "영혼"과 "몸"으로 치환된다. "몸은 영혼"의 "집"이고 "영혼은 몸"의 "주인"이다. 다시 영혼과 몸은 영혼과 몸을 가진 "나"와 영혼과 몸을 가진 "당신"으로 전위된다. '나와 당신' 이라는 구체적 일상으로 전위된다.
　'물감/꽃', '영혼/몸', '나/당신' 이라는 '나누어진 세계'가 있다. 이 시의 특징은 이러한 나누어진 세계를 인정한 것에 있다. 그리고 시인은 "영혼은 몸을 [⋯] 몸은 영혼을/ 버거워"한다고 말하고 있다. "나는 당신을 [⋯] 당신은 나를" "아프게"하고 "쓸쓸하게"한다고 말하고 있다.
　영혼이 몸을 버거워하고 몸이 영혼을 버거워한다는 코드를 정신적 사랑과 육체적 욕망 사이의 길항 관계로 파악할 수 있다. 영혼은, 즉 정신적 사랑은, 몸이 버겁다. 몸의 욕망이 부담스럽다. 몸은, 즉 육체적 욕망은, 영혼이 버겁다. 영혼의 속삭임이 부담스럽다.

'중요한 영혼/중요하지 않은 육체'의 관계를 뒤집은 것은 니체였다. 니체는 『차라투스트라는 이렇게 말했다』에서 "영혼은 육체에 붙어있는 어떤 것"이라고 하였다. 영혼은 몸의 부속품이라고 한 것이다. 여선자 시인은 몸과 영혼을 동등한 것으로 보고 있다.

달

구름 헤치며 달이 떠온다
죄지으며 살고퍼라
구름 헤치며 달이 떠온다
도망치며 살고퍼라
구름 헤치며 달이 떠온다
원수 하나 갖고퍼라
구름 헤치며 달이 떠온다
우격다짐하고 돌아온 밤
구름 헤치며 달이 떠온다
벽에 이마를 대고
우는 사내
구름 헤치며 달이 떠온다
원수 너 거기 잘 있느냐
구름 헤치며 달이 떠온다
빈 방에
우두커니 고개 숙인 사내
구름 뚫고 슬슬 둥근 달 떠오른다

이학성(1961~   )

배신자의 시
달

 배신한 자의 시가 아닐까. 배신자의 시가 아닐까. 증거는 있다. 맨 끝의 "구름 뚫고 슬슬 둥근 달 떠오른다"에서 '둥근 달'을 버려진 자의 얼굴로 보는 것이다. 버려진 자의 얼굴이 떠오르는 것으로 보는 것이다. 1행, 3행, 5행, 7행, 9행, 12행, 14행의 "구름 헤치며 달이 떠온다"의 '달'을 버려진 자의 얼굴로 보는 것이다. 버려진 자의 얼굴이 떠오르는 것으로 보는 것이다. 왜 떠오르는가. 미련이 남아서? 버렸다는 죄책감 때문에? 아직 사랑해서?
 중간의 "우격다짐하고 돌아온 밤"을 배신한 밤으로 보는 것이다. 사랑하는 자에게 결별을 선언한 밤으로 보는 것이다. 바로 위의 "원수 하나 갖고퍼라"라고 한 것을 헤어지고 싶다, 라고 한 것으로 보는 것이다. 헤어지면 원수가 되는 것이므로. 버려진 자의 원수가 되는 것이므로. 그 위의 "도망치며 살고퍼라"라고 한 것도 마찬가지다. 사랑하는 사람으로부터 도망치고 싶다, 라고 한 것으로 보는 것이다. 그 위의 "죄지으며 살고퍼라"라고 한 것도 마찬가지다. 버리는 것은 죄짓는 것이므로 '죄지으며 살고퍼라'라고 한 것으로 보는 것이다.
 이별은, 아니 결별은, '어느 정도' 성공한 것으로 보인다. 이제 사내는 "벽에 이마를 대고/ 우는 사내"이기 때문이다. 달은, 사내가 버린 사람은[여자는], "원수 너 거기 잘 있느냐"라고 묻고 있기 때문이다.

    아니, 결별은 성공하지 못한 것으로 보인다. 버려진 자의 얼굴이 계속 떠오르기 때문이다. 달이 떠오르듯이 떠오르기 때문이다. "구름 헤치며"(1행, 3행, 5행, 7행, 9행, 12행, 14행) 떠오던 것이 "구름을 뚫고"(끝 행) 떠오르기 때문이다. (떠오를 것이라면 버리지 말자. 죄책감에 시달릴 거라면 버리지 말자. 버려도 생각날 것이라면 버리지 말자.)

    혹은, 달은 죄를 짓게 하는 달? 죄를 충동하는 달? 달이 짓게 한 죄는 어쩌면 용서받을 수도 있을지도.

너를 팔아 사과나무를 산다

네가 버리고 간 오후를 줍는다
버림받은 것은 내가 아니다
그럴 리가 없다 손톱으로 꾹꾹 눌러
구겨진 시간을 펴고 길을 만든다
너는 가고 낡은 광주리에 담겨있던
네 그림자를 내다 팔기 시작한다
네 다리를 한 짝 내어주고
길 위에 심을 사과나무 한 그루를 산다
네 남은 다리 한 짝을 마저 주고
사과나무 여린 잎의 그늘을 산다
다리 없는 너를 안고 나무 아래 누워
네 차가운 배를 어루만지고
네 눈알을 만진다 팔과 머리통도……
길 밖에서는 해가 진다
저녁도, 밤도, 이곳에는 없다
네 눈을 팔아서 아침을 사고
따스했던 네 두 손을 팔아
사과나무 뿌리를 적실 이슬을 사고

천혜은(1961~   )

'시체 사랑'
너를 팔아 사과나무를 산다

　사랑과 증오의 시이다. 사랑과 증오는 동전의 앞뒷면이므로 그냥 사랑의 시라고 할 수 있다. 그냥 증오의 시라고 할 수 있다.
　얼마나 대단한 사랑의 시이냐 하면 "다리 없는 너를 안고" 눕는다고 했기 때문이다. '떠나가게 한' "다리 한 짝을" 잘라내고("내어주고"), "남은 다리 한 짝을" 잘라내고 ("마저 주고"), 다리 없는 너를 안고 눕는다고 했기 때문이다. 다리 없는 너의 "차가운 배를 어루만지고 […] 눈알을 만진다"고 했기 때문이다. "팔과 머리통도" 만진다고 했기 때문이다. 지독한 사랑이라고 하지 않을 수 없다. 엽기적 사랑이라고 하지 않을 수 없다. 엽기적 사랑이라고 한 것은 '시체 사랑 necrophillia'이기 때문이다.
　이 시가 성공한 것은 증오의 시이기 때문이다. "버림받은" 자의 증오를 표현하는데 성공했기 때문이다. "버리고 간" 자의 "그림자"를 없애기 위해 그의 그림자를 판다고 하였다. 물론 그림자는 그의 '자취'이다. 버리고 간 자의 다리 둘을 팔아서는 "사과나무 한 그루"와 "사과나무 여린 잎의 그늘을 산다"고 하였다. "눈을 팔"고 "두 손을 팔아"서는 각각 "아침을 사고" "사과나무 뿌리를 적실 이슬을" 산다고 하였다. 그를 만나고나서부터 소홀히 했던 것들? '버려진 자가 버린 자를 버리는' 진풍경을 연출하였다. 시적 주체는 둘째 행에서 "버림받은 것은 내가 아니다"라고 하였다.

   떠나간 자의 몸을 하나하나 팔면서 증오를 해소하려 했다고 할 수 있다. 떠난 자의 자리에 다른 것을 들어서게 함으로써 떠난 자를 잊으려 했다고 할 수 있다.

제3부 그로테스크한 결혼

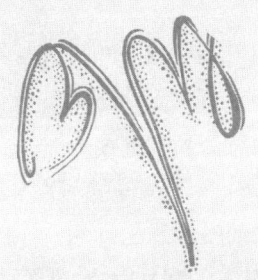

구석본	「휴대폰」,	'기술적 재생산성의 시대'의 사랑
오 현	「인우구망人牛俱忘」,	성聖에 대한 사랑·속俗에 대한 사랑(1)
한광구	「사기막 가는 길」,	성聖에 대한 사랑·속俗에 대한 사랑(2)
유안진	「포스트모던한 이별식」,	포스트모던 이별과 모던 이별
최승호	「인어人魚에 대한 상상」,	그로테스크한 결혼
윤제림	「재춘이 엄마」,	어머니의 사랑
박상순	「양 세 마리」,	분열된 주체의 사랑
유 하	「나의 사랑은 나비처럼 가벼웠다」,	나르시시스트의 사랑
함성호	「낙화유수」,	악덕의 사랑
박찬일	「나는 푸른 트럭을 탔다」,	유토피아
목필균	「장마」,	구심력의 그리움·원심력의 그리움
한명희	「수도사를 위한 책」,	세 가지 연애
브레히트	「마리에 대한 추억」,	순수한 사랑·절대적 사랑·허망한 사랑

휴대폰

그대의 말들을 주머니에 넣고 다닌다
그대의 사랑한다는 말이 동전처럼 짤랑거리며
주머니를 빠져나와 유월 햇살 속으로 굴러가더니만
자동차 바퀴에 깔려 낙엽처럼 뭉개진다
급브레이크 밟는 소리,
그 사이로 외로워, 낮게 깔리는 목소리가
이내 뚜, 뚜 쇠아
잡음 속으로 사라진다
나는 다시 대낮의 도시를 걸으며
끊어진 목소리를 찾아
011, 257, 9509 입력된 숫자를 차례로 누르면
한때, 유월의 아카시아 밑에서 들려주던
그대의 노래가 반질반질한 몸으로 손에 잡힌다
반질반질하고 매끈한 위패같은 검은 기계,
숫자로 조립된 그대의 얼굴 없는 말들을
지갑처럼 안호주머니 속 깊이 넣고
오늘도 정신없이,
정신없는 말 속으로 끌려다니고 있다

구석본(1949~   )

'기술적 재생산성의 시대'의 사랑
휴대폰

"사랑한다는 말"은 사랑하고 있을 때 하는 말이다, 듣는 말이다. 더 이상 사랑하고 있지 않을 때 하는 말이 아니다, 듣는 말이 아니다. 그러나 "그대"가 더 이상 "나"를 사랑하지 않아도("한때, 유월의 아카시아 밑에서 들려주던/ 그대의 노래"라고 했으므로 사랑은 과거형의 사랑이다. 끝난 사랑이다) 사랑한다는 말을 들을 수 있는 시대가 되었다. "기술적 재생산성의 시대"(벤야민)이기 때문이다. "휴대폰"의 음성 메시지는 계속 들을 수 있기 때문이다. 휴대폰이 "자동차 바퀴에 깔려" 박살나도 새로 휴대폰을 구입하면 계속 들을 수 있기 때문이다. 전화번호 "011, 257, 9509"를 바꾸지 않으면 계속 들을 수 있기 때문이다.

'사랑한다는 말'은 아우라를 상실하였다. 아우라는 '여기, 그리고 지금hic et nunc', 혹은 '거기 그리고 그때'의 아우라이기 때문이다. 아우라는 1회적 존재의 아우라이기 때문이다.

'그대'가 '나'를 더 이상 사랑하지 않아도 사랑한다는 말을 들을 수 있는 시대를 좋은 시대라고 할 수 있다. 실연당한 사람이 '사랑한다는 말'을 "지갑처럼 안호주머니 속 깊이 넣고" 다닐 수 있는 시대를 좋은 시대라고 할 수 있다.

인우구망 人牛俱忘

히히히 호호호호 으히히히 으허허허
하하하 으하하하 으이이이 이 흐흐흐
껄껄걸 으아으아이 우후후후 후이이

약 없는 마른버짐이 온몸에 번진 거다
손으로 짚는 육갑 명씨 박힌 전생의 눈이다
한 생각 한 방망이로 부셔버린 삼천대계여.

오현(? ~   )

성聖에 대한 사랑 · 속俗에 대한 사랑(1)
인우구망人牛俱忘

불이사상不二思想은 현상과 본질을 구분하고 본질에 우위를 부여하는 서양 형이상학과 다르고, 현세와 내세를 구분하고 내세에 우위를 부여하는 서양 기독교와도 다르다. 남자와 여자, 인간과 자연들을 구분하고 남자, 인간들에 우위를 부여하는 서양의 근대적 사유와도 다르다. 불이사상의 관점에서 오현의 『가타집伽陀集』을 고찰할 때 가장 압권은 『가타집』 맨 끝의 다음과 같은 표현이다.

> 매맞은 팽이는 빙판 위에서 돌고
> 그 물론 빙판 밑으로 물은 흘러가더라
> ―「1980년 방문 (4)」 부분

"매맞은 팽이"는 삶 그 자체를 표상하는 것. 삶은 매맞는 팽이처럼 나날이 돌아간다. 아침과 저녁이 매일 매일 되풀이되는 것과 같다. 삶을 긍정하는 자세라고 하지 않을 수 없다.
"매맞은 팽이"의 '매맞은'을 강조해서 읽으면 '고통의 삶'도 긍정하는 자세라고 하지 않을 수 없다. 삶만 긍정되는 것이 아니다. 삶 밑에는 죽음이 깔려 있다. 도저한 죽음이 삶을 끌고 간다. "빙판 밑으로 물은 흘러가더라"라고 한 것이 그것이다. 삶은 죽음과 함께 있다. 삶과 죽음은 두 개가 아니다. 삶은 죽음과 함께, 죽음은 삶과 함께.

그러나 『가타집』에서 가장 주목되는 것은 죽음과 삶의 분별 하지 않음이 아니라, 혹은 성聖과 속俗의 분별하지 않음이 아 니라, '불이사상의 변주' 로서 삶(혹은 속)의 전면적 수용이다. 삶(혹은 속)의 여러 세목들의 승인이다.

   히히히 호호호호 으히히히 으허허허
   하하하 으하하하 으이이이 이 호흐흐
   껄껄걸 으아으아이 우후후후 후이이

   약 없는 마른버짐이 온몸에 번진 거다
   손으로 짚는 육갑 명씨 박힌 전생의 눈이다
   한 생각 한 방망이로 부셔버린 삼천대계여.

"히히히"의 승인, "호호호호"의 승인, "으히히히"의 승 인, "으허허허"의 승인이다. 다른 말로 하면 삶에 대한 사 랑이다. 속俗에 대한 사랑이다. 맨 끝의 "한 생각 한 방망이 로 부셔버린 삼천대계여"라고 한 것도 이점에서 주목된다. "한 생각"을 "삼천대계"가 이겼다고["부"수었다고] 한 것으 로 보는 것이다. '한 생각' 은 물론 공空의 세계이고, '삼천 대계' 는 색色의 세계이다.

삶도 '간단한 삶'은 아니다. "히히히"가 "호호호호"로 이동하고, "호호호호"가 "으히히히"로 이동한다. "으히히히"가 "으허허허"로 이동한다. 존재는(혹은 삶은) 끝없이 연기延期된다. 그렇다고 "히히히"의 삶을 부인할 수 없고, "호호호호"의 삶을 부인할 수 없고, "으히히히"의 삶을 부인할 수 없고, "으허허허"의 삶을 부인할 수 없다. "삼천대계"의 한 계界 한 계界의 삶을 부인할 수 없다. 오현은 한 계 한 계의 삶을 인정한다.

오현의 불이사상은 원효의 무애사상無碍思想으로 거슬러 올라간다. 거칠 것이 없는 사상, 경계를 두지 않는 사상 말이다. 원효와 다른 것은 '거칠 것이 없는 사상의 분별'에 대한 인식이다. '경계를 두지 않는 사상의 분별'에 대한 인식이다. 그렇다. 문제는 '거칠 것이 없는 사상의 분별'이다. '경계를 두지 않는 사상의 분별'이다. 사상은 분별의 결과로서 필연적으로 분파分派를 낳는다. '해체'가 해체주의를 낳은 것과 같다. 분파를 낳으면 어떤가. '분파를 낳는 것'도 세상의 한 부분이 아니던가. 분별을 낳는 것도 세상의 한 부분이 아니던가. 분파의 세상, 분별의 세상을 긍정할 수 있다. '분별하지 않는 분별'을 긍정할 수 있다. '삶과 죽음을 포함한 대지'를 긍정하는 것은 분별하지 않는 분별을 긍정하는 것이다. 분별을 긍정하는 것이 마지막으로 긍정하는 것이다. 분별을 긍정하면 긍정 못할 것이 없다.

 '큰 정신'에서는 자주 모순이 발견된다. 이를테면 '삶은 삶이요, 죽음은 죽음이요'라고 했을 때 이것은 두 가지 뜻을 갖는다. 하나는 삶과 죽음을 분별하지 않는 태도이고, 하나는 삶과 죽음을 분별하는 태도이다. 삶과 죽음은 전혀 다른 것이라고 한 것으로 볼 수 있다. 삶이 더 좋다고 한 것으로 볼 수 있다. 모순 없는 죽음보다 모순 있는 삶이 더 좋다고 한 것으로 볼 수 있다. '산은 산이요, 물은 물이다'가 산과 물을 분별하지 않는 것이면서 산과 물을 분별하는 것인 것과 같다.

사기막 가는 길

　주말이면 우리들은 북한산 사기막으로 가는 길을 걸어가지요. 살아오면서 본의 아니게 지은 죄를 벗어버리고 사람이 하늘로 가는 길을 찾아가는 겁니다. 허위허위 가다보면 이어지는 고갯길로 접어들고, 다시 가파른 바윗길을 서로 밀거니 잡거니 땀에 젖어 오르다보면 나무들이 묵묵히 제자리를 지키고 서서 가쁜 숨 몰아쉬고 오는 우리들에게 손을 내밀지요. 정상頂上이 가까이 보입니다. 숨이 가빠 주저앉으면 하늘을 이고 앉은 색즉시공色卽是空, 공즉시색空卽是色의 물상物象들이 자욱히 내려다보이지만 우리는 목이 말라 머물지 못하고 다시 내려와서 샘물로 목을 축이고 만나는 사람마다 사기四機의 인연으로 서로 인사를 나누며 유정有情한 주막酒幕에서 한 잔 술에 취한답니다.

한광구(1944~)

성聖에 대한 사랑 · 속俗에 대한 사랑(2)
사기막 가는 길

현실은 저속하므로 시에서 제쳐놓자, 라고 말한 사람은 말라르메였다. 시인과 예술가는 하늘에서 떨어져 내리는 눈이 아니다, 구름 위에서 소요하고 있는 자들도 아니다, 라고 말한 사람은 메링이었다. 굳이 말하자면, 한광구 시인은 후자의 편을 들고 있는 것으로 보인다.

그렇다. 한광구 시인은 구름 위가 아닌 구름 밑에서 활보하는 자로 보인다. 구름 밑의 세계를 보고 있는 자로 보인다. 먼 곳을 바라보는 '수직적인 시' 가 아니라 지금 여기를 응시하는 '수평적인 시' 을 쓰고있는 것으로 보인다.

"색즉시공色卽是空, 공즉시색空卽是色의 물상物象들"이란 무엇인가. '색' 은 현상을 일컫는 말. '공' 은 본질을 일컫는 말. 그러니까 색즉시공은 색(현상)은 공(본질)에 귀속된다는 말. 그러나 이것은 그 다음 뒤집혀진다. '공즉시색' 은 공(본질)이 색(현상)에 귀속된다는 것을 의미하므로. 시인이 공즉시색 색즉시공의 순서로 쓰지 않고 색즉시공 공즉시색의 순서로 쓴 것은 공즉시색을, 즉 본질은 현상에 귀속된다는 것을 강조하려 한 것으로 보인다. 삼라만상의 현실이 '진짜' 라는 것이다. 본질이 딴 데 있지 않다는 것이다. 시인이 이어서 물상들이 내려다보이는 정상의 세계('공의 세계')에서 오래 머물지 못하고("목이 말라 머물지 못하고") "다시 내려와서 샘물로 목을 축이고 만나는 사람마다 사기四機의 인연으로 서로 인사를 나누며 유정有情한 주막酒幕에서 한 잔 술에 취한"다고 쓴 것도 이런 까닭에서이다. '색'의 세계를 강조하고 있다. 물론 반야바라밀다심경般若波羅密多心經에도 색즉시공色卽是空, 공즉시색空卽是色의 순서로 쓰여 있다. 그러나 여기에서는 이 두 성어의 앞뒤가 바뀌어도 상관이 없다. '색은 공이고 공은 색'이라면, '공은 색이고 색은 공'도 되는 것이다. 그러나 「사기막 가는 길」에서는 시인이 의도적으로 색즉시공을 앞에, 공즉시색을 뒤에 두었다고 말하고 싶은 것이다. 공즉시색을 강조했다고 말하고 싶은 것이다. '공(혹은 성聖)에 대한 사랑'과 '색(혹은 속俗)에 대한 사랑'의 싸움에서 '속에 대한 사랑'이 이기고 있다고 말하고 싶은 것이다.

포스트모던한 이별식

가벼운 발길로 몇 걸음 옮기다가 돌아서더니
나른한 음성으로 한다는 말이
다달이 한두 번씩은 어렵겠지만
라디오FM에서 가끔은 맘에 드는 음악을 들어보게 되듯이
마음 내킬 때는 서로가 마땅한 때를 골라
바람도 쐬듯 그렇게 바람소리 같더라도
사소한 소식이라도
아름 아름으로라도 건네 주고 건네 받자고
자잘구레한 부탁이라고 윙크까지 곁들이고는
차에 올라타더니 다시 내다보며
카랑카랑한 목소리로 고쳐서는 혹시
타다 남은 심지에
파란 불꽃 다시 켜질지 모르지 않느냐다

하염없이 하염없이 굳은비만 내리는 하늘에다 무슨 고함이라도 내지르고 싶었다.

유안진(1942~)

포스트모던 이별과 모던 이별
포스트모던한 이별식

 이별의 목록에 새로운 항목을 추가하였다. "포스트모던한 이별"이라는 항목을 추가하였다. 포스트모던(한) 이별이 있다면 모던(한) 이별도 있을 것이므로 두 개의 항목을 새로 추가하였다고 할 수 있다.
 제목은 "포스트모던한 이별식"이지만 '포스트모던 이별'과 '모던 이별', 두 가지 이별의 모습을 보여주고 있다. 끝 행[둘째 연]이 모던 이별에 관한 것이고, 나머지 첫째 연 전부가 포스트모던 이별에 관한 것이다.
 '모던 이별'은 '헤어지는 것은 헤어지는 것'이라고 인식하는 이별이다. 세상에 단 하나밖에 없을 절대적인 이별이다. 비장한 이별이다. "하늘에 […] 무슨 고함이라도 […] 지르고 싶"은 이별이다. "하염없이 하염없이 궂은비만 내"린다고 한 것은 하염없이 하염없이 눈물만 흘린다고 한 것이다.
 '포스트모던 이별'은 헤어지는 것이 헤어지는 것이 아닐 수도 있다고 인식하는 이별이다. 다시 만날 수도 있다고 생각하는 이별이다. 이 세상에 단 하나뿐인 경우의 비장한 이별이 아니다. "타다 남은 심지에/ 파란 불꽃 다시 켜질지 모르지 않느"냐고 말하는 이별이다.

구체적으로 밝히면, 시적 주체의 이별이 '모던 이별'이다. 이 세상에 단 한 번밖에 없는 이별이다. 무거운 이별이다. 시적 주체를 떠나는 자의 이별이 '포스트모던 이별'이다. 그의 이별은 "차에 올라타"는 이별이다. 그러므로 차를 타고 다시 올 수도 있는 이별이다. 이 세상에 단 한 번 밖에 없는 이별이 아니다. 이별을 가볍게 생각하고 있다.

포스트모던 이별과 모던 이별의 병존을 "포스트모던한 이별식"이라고 한 것일 수 있다. 포스트모던과 모던의 병존이 '포스트모던한' 것이다. 모던 이별식이 무겁다면 포스트모던 이별식은 가볍다. 포스트모던 가벼운 이별식을 뒷받침하는 것이 매 행의 첫 글자를 세로로 읽으면 '가나다라마바사아자차카타파하'가 되는 것이다. 이별의 시를 쓰면서 유희하는 것이 포스트모던하다. 말 그대로 '포스트모던 이별식'을 거행하고 있다.

인어人魚에 대한 상상

지하철 양재역에서
말죽거리 시장 쪽으로
하반신에 고무튜브를 댄 한 남자가 느릿느릿 기어간다.
동전 몇 닢 담긴 그릇을 보도블록 위로 밀고 가는
그 느림은 지루하고
고통스럽다
양서류적兩棲類的인 상상력에서
인어들이 태어났다고
나는 생각한다.
하반신이 물고기인 인어가 있는가 하면
상반신이 물고기인―물고기 대가리를 가진 인어도 있다
그 두 인어가 바닷가에서
결혼식을 올린다고 상상해 보라
기념사진을 찍어도 그 부부만큼
그로테스크한 고독이 있을까.

최승호(1954~   )

그로테스크한 결혼
인어人魚에 대한 상상

　최승호는 "그로테스크"의 시인이다(『그로테스크』라는 시집도 갖고 있다). 그로테스크의 상황을, 그로테스크의 현실을, 누구보다도 잘 포착해내는 시인이다. 최승호는 "하반신에 고무튜브를 댄 한 남자"에게서 '그로테스크'를 찾아내었다. 그는 위는 사람이고 아래는 사람이 아니기 때문이다. 고무튜브는 사람의 '것'이 아니기 때문이다.
　"인어"도 그로테스크한 인어이다. "상반신"은 사람이고 "하반신"은 "물고기"이기 때문이다. 혹은 상반신은 물고기이고 하반신은 사람이기 때문이다. 최승호의 상상력은 여기서 그치지 않는다. 상반신은 사람이고 하반신은 물고기인 인어와 상반신은 물고기이고 하반신은 사람인 인어가 올리는 "결혼식"이 그로테스크할 것이라는 것이다. "그로테스크한 고독"이라고 한 것은 사람의 입과 물고기의 입이 입맞춤을 할 수 없기 때문이다. '사랑'을 할 수 없기 때문이다.
　최승호는 "하반신에 고무튜브를 댄" 남자들에게서 그로테스크의 '인어'를 발견하였다. 하반신에 고무튜브를 댄 남자들을 현대판 인어라고 한 것과 같다. 뱃사람을 유혹하는 아름다운 인어가 돈을 유혹하는, 돈을 구걸하는, '장애자'로 둔갑하였다. 현실은 그로테스크한 현실이다. 돈이 있는 사람과 돈이 없는 사람이 공존하는 그로테스크한 '현실'이다. 돈이 아주 많이 있는 사람과 돈이 전혀 없는 사람이 공존하는 그로테스크한 현실이다. 그로테스크한 현실이 그로테스크한 '현대판 인어'를 낳았다.

산본 중심 상가에 얼마 전 하반신에 고무 튜브를 댄 여성이 출현하였다. 여성이므로 '인어'에 더 가깝다고 할 수 있다. 물론 뱃사람을 유혹하는 것이 아니라, 돈을 유혹(구걸)한다는 점에서 하반신에 고무튜브를 댄 남자들과 다를 바 없다. 하반신에 고무튜브를 댄 남자를 '처음' 보았을 때보다 훨씬 충격적이었던 것은 하반신에 고무 튜브를 대고 "느릿느릿 기어"가는 것이 쉬운 일이 아니기 때문이다. '여성'으로서 쉬운 일이 아니고, 체력적으로도 쉬운 일이 아니기 때문이다. '처절한 구걸 행위'에도 남녀 평등이 이루어진 것? 아닐 것이다. 처절한 구걸 행위에 여성도 나서야 하는 현실! 현실이 그로테스크하기 때문이다. 그로테스크한 현실이 심화되고 있기 때문이다.

"결혼식"에 대해서: (상반신은 사람이고 하반신은 물고기인 인어와 상반신은 물고기이고 하반신은 사람인 인어가 올리는 결혼식이 아니더라도) 사실 결혼식은 그로테스크의 결혼식이 아닐까. 전혀 다른 '족속'이 같이 있는 것이므로.
전혀 다른 '족속'의 결합이므로.

재춘이 엄마

재춘이 엄마가 이 바닷가에 조개구이 집을 낼 때
생각이 모자라서, 그보다 더 멋진 이름이 없어서
그냥 '재춘이네'라는 간판을 단 것은 아니다.
재춘이 엄마뿐이 아니다.
보아라, 저
갑수네, 병섭이네, 상규네, 병호네.

재춘이 엄마가 저 간월암看月庵 같은 절에 가서
기왓장에 이름을 쓸 때
생각나는 이름이 재춘이밖에 없어서
'김재춘'이라고만 써놓고 오는 것은 아니다.
재춘이 엄마만 그러는 게 아니다.
가서 보아라. 갑수 엄마가 쓴, 최갑수, 병섭이 엄마가 쓴 서병섭,
상규 엄마가 쓴 김상규, 병호 엄마가 쓴 엄병호.

재춘아, 공부 잘 해라!

윤제림(1959~)

어머니의 사랑
재춘이 엄마

　모성애는 재미없는 사랑이다. 해지지 않는 사랑이니까 재미없는 사랑이다. 그러나 어쩌랴. 해지지 않아도 사랑은 사랑인 것. 모성애의 시도 사랑의 시라고 할 수밖에 없다.
　"재춘이네"는 "간판"이다. 아들 이름을 간판으로 썼다. "재춘이 엄마" 이름인 '이소라' (?)를 쓰지 않았다. 이소라네라고 하지 않았다. 재춘이네라고 한 것은 예를 들면 '안동집' 이라고 한 것과 비슷하다. '안동집' 에서도 재춘이 엄마 이름을 쓰지 않았기 때문이다. 그럴 수 있다. 다 큰 어른 이름을, 그것도 결혼한 여자 이름을(?), 간판에 쓰는 것보다 아들 이름을 쓰는 것이, 혹은 출신지 이름을 쓰는 것이, 더 자연스러울 수 있다.
　'재춘이네' 라는 "조개구이 집"에서 재춘이가 장사하는 것이 아니라, 재춘이 엄마가 장사하는 것을 모르는 사람은 없다. '재춘이네' 라는 이름은 재춘이 엄마 아들이 재춘이라는 것을, 재춘이 엄마가 재춘이라는 아들이 있다는 것을, 널리 알리는 것이다. 아들 없는 여자가 장사하는 것이 아니라는 것을, 혹은 처녀가 장사하는 것이 아니라는 것을, 널리 알리는 것이다. 처녀가 낸 조개구이 집보다 아줌마가 낸 조개구이 집이 더 맛있어 보인다. 처녀가 낸 조개구이 집이 아줌마가 낸 조개구이 집보다 더 예쁘긴 하겠지만. 그러나 손님들은 예쁜 조개를 먹으러 오는 것이 아니다. 맛있는 조개를 먹으러 온다. 아줌마가 낸 조개 집이라 손님이 더 올 것 같다.
　이 시의 주제가 모성애라면 둘째 연이 이 시의 핵심이다.

재춘이 엄마는 절을 새로 짓는데, 혹은 보수하는데, 쓰이는 "기왓장에" 본인 이름을 쓰지 않고, 재춘이 이름을 쓴다. "김재춘이라"고 쓴다. 본인을 위해 기도하는 것이 아니라, 재춘이를 위해 기도하는 것이다. 재춘이가 잘되라고 기원하는 것이다. 재춘이가 잘되는 것이 본인의 행복이라고 하는 것이다. 세상의 '엄마'들은 다 그렇다고 하는 것이다. "갑수 엄마"도, "병섭이 엄마"도, "상규 엄마"도, "병호 엄마"도.
　셋째 연이 재미있다. 재춘이 엄마가 기왓장에 김재춘이라고 쓴 것은 "공부 잘"하라고 쓴 것이라는 것이다. 아니면, 시적 화자가 재춘이 엄마의 모성애에 지레 감동해서 "재춘아, 공부 잘 해라!"라고 당부한 것일 수 있다. 공부 잘 하는 것이 엄마의 은혜를 갚는 길이라고 당부하는 것일 수 있다.
　이 시를 여성주의 시로 읽을 수 있는 것은 엄마의 이름이 '재춘이네'라는 상호에만 없는 것이 아니기 때문이다. 김재춘에게도 최갑수에게도 서병섭에게도 김상규에게도 엄병호에게도 엄마가 없다. 엄마의 성姓이 없다.

양 세 마리

풀밭에는 분홍나무
풀밭에는 양 세 마리
두 마리는 마주보고
한 마리는 옆을 보고

오른 쪽 가슴으로
굵은 선이 지나는
그림 찍힌 티셔츠

한 장 샀어요
한 마리는 옆을 보고
두 마리는 마주 보고

풀밭에는 양 세 마리
한 마리는 옆을 보고
두 마리는 마주보고
오른 쪽 가슴으로
굵은 선이 지나는
그림 찍힌 티셔츠

한 장 샀어요
한 마리는 옆을 보고
두 마리는 마주보고

박상순(1961~   )

분열된 주체의 사랑
양 세 마리

풀밭에서는 식사를 할 수 있다. 풀밭에서는 사랑을 할 수 있다. 마네의 「풀밭에서의 아침식사」에는 부부인 듯 보이는 남녀 한 쌍과 이들을 바라보는 남자 하나가 그려져 있다. 남자들은 옷을 입고 있고 여자는 옷을 벗고 있다. 어색하지 않은 것은 풀밭이기 때문이다. 풀밭에서는 무엇이든지 할 수 있다.

"풀밭에 [⋯] 양 세 마리"가 있는데 "두 마리는 마주보고" 있다. 풀밭에서 '두 마리'가 마주보는 것은 하등 이상한 일이 아니다. 풀밭에서는 무엇이든지 할 수 있다. 주목되는 것은 '또 "한 마리"'의 양이다. "옆을 보고" 있는 한 마리의 양이다. 그는 능청(?)을 떨고 있다. '두 마리'가 마주보며 노는 모습을 옆이 아닌 정면으로, '빤히', 바라보는 것은 민망한 일이기 때문이다. 또 '둘'을 방해하는 일이기 때문이다. 둘은 누군가가 그들을 응시하고 있다는 것을 아는 순간 '노는 일'이 부자연스러울 것이다. 노는 일에 열중할 수 없을 것이다.

누군가에 의해 보여지고 있다는 것을 느끼는 순간부터 '마주봄'은 '온전한 마주봄'이 아니다. '분열된 마주봄'이다. 마주보고 있는 '시선'이 갈라지기 때문이다. 제3자의

'응시'에 의해 갈라지기 때문이다. 앞에 있는 '한 마리'에게 가는 시선과 옆에 있는 '한 마리'에게 가는 시선으로 갈라지기 때문이다. 누군가에 의해 응시되고 있는 것을 아는 주체는 '분열된 주체'이다. '한 마리'가 '옆'을 보고 있다고, '딴 데' 보고 있다고, '두 마리'가 자유로울 수 있을까. 시선으로부터 자유로울 수 있을까. 더구나 풀밭은 "티셔츠"처럼 좁은 곳이고 주위에는 "분홍나무" 한 그루 밖에 없다.

  이 시를 '옆'을 보고 있어도 자유로울 수 없는, 즉 시선으로부터 자유로울 수 없는 '현대'에 대한 알레고리로 볼 수 있다. 역설적 알레고리의 시로 볼 수 있다. 옆을 보고 있어도 옆을 보는 것이 아니라는 점에서, 누군가를 의식할 수 밖에 없다는 점에서, 역설이며, '시선'에 노출되어 있는 현대의 운명을 보여주려고 하였다는 점에서 알레고리인, 역설적 알레고리의 시로 볼 수 있다. 즉 이 시를 현대의 '분열된 주체'에 대한 알레고리로 볼 수 있다.

  양 두 마리가 마주보고 있는 것을 서로 사랑하고 있는 게 스투스로 보아도 좋은 것은 그들의 '풀밭' 위로 "분홍나무"가 드리워져 있기 때문이다. '분홍'이 사랑과 관계없다고 할 수 없기 때문이다.

「양 세 마리」를 김춘수의 「처용단장」 2부에 등장하는 '무의미시'들과 같은 계열의 시로 볼 수 있다. 탈이미지의 시, 리듬만 있는 무의미시로 볼 수 있다. '마주보는 양 두 마리'는 마주보는 양 두 마리이고 '옆을 보는 양 한 마리'는 옆을 보는 양 한 마리라는 것이다. 그 이상도 그 이하도 아니라는 것이다. 실제 김춘수는 박상순의 「양 세 마리」를 "정서도 심리도 사회도 없"는 시라고 평하였다. "육체가 없"는 시라고 평하였다.

나의 사랑은 나비처럼 가벼웠다

1
한 미남 청년을 짝사랑하다
바다에 몸을 던진 옛 그리스의 시인 사포
애기세줄나비
학명은 Neptis sappho Pallas
불빛 속으로 날아드는 그 나비의 모습이
그녀를 연상시켰던 걸까

나비처럼 가벼운 영혼만이
열정처럼 투신할 수 있다고, 노래하진 않겠다
나비는 불꽃이 자기를 태울 거라
생각진 않았으리라
혹, 불빛은 애기세줄나비에게
환한 거울 같은 건 아니었을까

2
조롱 속의 짝 잃은 문조,
그 안에 작은 거울을 넣어주었더니
거울에 비친 자기를 제 짝인 양

생이 다하도록 행복해 했다는 이야기

3
죽음을 걸었던, 너를 향한 내 구애의 말들
덧없음이여, 나는 나 이외에
아무도 사랑하지 않았다
내가 날아들었던 당신이라는 불꽃
오랫동안 나는 알지 못했다. 실은 그 눈부신 불꽃이
나를 비추는 거울이었음을

나의 사랑은 나비처럼 가벼웠다

유하(1963~   )

나르시시스트의 사랑
나의 사랑은 나비처럼 가벼웠다

나르시스는 자신의 아름다움에 빠져 타자를 수용하지 못한다. 나르시시즘은 그래서 '자기애'이다. "나의 사랑은 나비처럼 가벼웠다"는 나르시시스트의 사랑을 강령적으로 보여주고 있다.

3절을 보자. '나에 대한 사랑'이 "나비처럼 가벼웠다"고 한 것. 나는 나비였고 당신은 "눈부신 불꽃"이었으며, 나는 "당신이라는 불꽃"을 향해 "날아들었"다고 생각했지만, 당신에게 "죽음을 걸었"다고 생각했지만, 당신에게 목숨을 걸었다고 생각했지만, 사실은 그 '불꽃'은 "나를 비추는 거울이었"다는 것("불꽃"은 "애기세줄나비에게/ 환한 거울 같은" 것이었다는 것). 내가 나를 향해 날아들었던 것. 나에게 목숨을 걸었던 것. "나는 나 이외에/ 아무도 사랑하지 않았다"고 명시적으로 표명하였다.

나에게 목숨을 걸었건, 당신에게 목숨을 걸었건, 목숨을 건 것은 목숨을 건 것. 사랑은 목숨을 거는 것이라는 것. 이것을 강조해서 이 시를 읽을 수 있다. 사랑의 파괴적 속성을 강조해서 이 시를 읽을 수 있다. 사랑은 궁극적으로 파멸을 지향한다고. 사랑하는 자를 파멸시키든, 사랑하고 있는 자신을 파멸시키든.

낙화유수

네가 죽어도 나는 죽지 않으리라 우리의 옛 맹세를 저 버리지만 그때는 진실했으니, 쓰면 뱉고 달면 삼키는 거지 꽃이 피는 날엔 목련꽃 담 밑에서 서성이고, 꽃이 질 땐 붉은 꽃나무 우거진 그늘로 옮겨가지 거기에서 나는 너의 애절을 통한할 뿐 나는 새로운 사랑의 가지에서 잠시 머물 뿐이니 이 잔인에 대해서 나는 아무 죄 없으니 마음이 일어나고 사라지는 걸, 배고파서 먹었으니 어쩔 수 없었으니, 남아일언이라도 나는 말과 행동이 다르니 단지, 변치 말자던 약속에는 절절했으니 나는 새로운 욕망에 사로잡힌 거지 운명이라고 해도 잡놈이라고 해도 나는, 지금, 순간 속에 있네 그대의 장구한 약속도 벌써 나는 잊었다네 그러나 모든 꽃들이 시든다고 해도 모든 진리가 인생의 덧없음을 속삭인다 해도 나는 말하고 싶네, 사랑한다고 사랑한다고…… 속절없이, 어찌할 수 없이

함성호(1963~   )

익덕의 사랑
낙화유수

"쓰면 뱉고 달면 삼키"겠다, "마음이 일어나고 사라지는" 대로 살겠다, 고 한다. "배고"프면 아무거나(?) "먹"겠다고 한다. "남아일언 […] 변치 말자던 약속"도 "새로운 사랑 […] 새로운 욕망" 앞에서 맥을 못 춘다. 다시 말해 이 시는 사랑의 맹세가 아닌 사랑의 배신을 노래하고 있다. 정절, 순수, 영원에 대한 다짐이 아닌, 배반, 변덕, 찰나적 욕망, 탐익을 예찬하고 있다. 전통적인 '진선미의 미학'에 대립하는 '추의 미학'이라 할 수 있다.

'추의 미학'이 문학에 보편적으로 자리잡게 된 것은 19세기 후반 자연주의 문학 이후부터이다. 자연주의 문학은 산업화시대의 문학이었다. 역사상 처음으로 제4계급[노동자계급]이 문학의 전면에 등장하게 되었다. '고귀한 자'들은 문학의 전면에서 자취를 감추었다. 노동자계급 뿐만 아니라, 창부, 알콜중독자, 정신병자들이 자연주의 문학의 단골 주인공들이었다. '추하고 역겨운 것들에 대한 묘사'가 자연주의 문학을 일컫는 말이었다.

그러나 이 시의 핵심은 무엇보다도 후반부의 "모든 꽃들이 시든다고 해도 모든 진리가 인생의 덧없음을 속삭인다 해도 나는 말하고 싶네, 사랑한다고 사랑한다고……"라는 구절에 있다. 꽃이 시들지라도 꽃을 사랑하겠다는 것이다. 인생이 덧없다 하더라도 인생을 사랑하겠다는 것이다. 현실(현상) 긍정의 미학이라 할 수 있다.

현재를 칭송하고 있다는 점에서, 배신 변절 변덕 등 악덕들을 칭송하고 있다는 점에서, 이 시는 또한 니체를 떠올리게 한다. 니체 철학은 대지에 대한 전면적 긍정의 철학이므로. 자발적 죽음, 살인, 광기, 격정 등 악덕들을 칭송하는 철학이므로.

'사랑의 시' 이다. 그러나 전통적 사랑의 시와는 사뭇 다른 사랑의 시이다.

나는 푸른 트럭을 탔다

사람들아 미안하다 나는 푸른 트럭을 탔다 푸른 트럭에서 나는 그대들 전부를 잊기로 한다 나도 잊기로 한다

푸른 트럭에서, 나는,
오이 당근을 파느라 감자 고구마를 파느라 양파를 파느라 시금치 마늘을 파느라
푸른 트럭에서 나는 수박 참외를 파느라 토마토 사과 귤을 파느라 배를 파느라 계란을 파느라 정신이 없다.
이면수 꽁치를 파느라 조기를 파느라 고등어를 파느라 푸른 트럭에서
푸른 트럭을 파느라 푸른 트럭만 남기고 파느라

싱싱한 야채 있습니다 싱싱한 과일 있습니다 싱싱한 계란 있습니다 싱싱한 생선 있습니다 녹음기에 녹음하느라
녹음기를 켜놓느라 싱싱한 야채 있습니다 싱싱한 과일 있습니다 싱싱한 계란 있습니다 싱싱한 생선 있습니다 정신이 없다.

미안하다 사람들아 나는 정신이 없다

푸른 트럭에서 나는 그대들 전부를 잊었다 나도 잊었다
푸른 트럭으로 사라지려고 한다 푸른 트럭을 몰고 사라지
려고 한다 미안하다 사람들아 나는 푸른 트럭에 있다

정신이 없다 나는 포도주를 마신다 푸른 트럭에서 포도
주를 마신다 야채를 팔아 과일을 팔아 계란을 팔아 생선을
팔아 포도주를 마신다 포도주만 마신다 정신이 없다

사람들아 미안히다 니는 푸른 트럭을 났다 푸른 트럭에
서 팔러 다닌다 푸른 트럭을 팔러 다닌다 푸른 트럭만 빼
고 팔러 다닌다 푸른 트럭에서 마신다 붉은 포도주를 마신
다 그와 함께 붉은 포도주를 마신다 미안하다 사람들아

나는 푸른 트럭을 탔다.

박찬일(1956~　)

유토피아
나는 푸른 트럭을 탔다

　현대 자본주의 사회에서 사랑은 마치 '생산수단' 처럼 목적을 위한 수단이 되었다. 이익을 내기 위한 수단, 성공하기 위한 수단이 되었다. 프롬이 말한 "상호간의 성적 만족을 위한 사랑", "팀워크Teamwork로서의 사랑", 혹은 "고독으로부터의 피난으로서의 사랑"들이 이러한 "사랑의 사회적 병리"의 세목들이다. '신에 대한 사랑' 도 성공하기 위한 수단, 이를테면 사업상의 이득을 얻기 위한 수단으로 전용되기도 한다.

　「나는 푸른 트럭을 탔다」가 보여주는 것은 '자본주의적 사랑' 이 아니다. "야채를 팔아 과일을 팔아 계란을 팔아 생선을 팔아 포도주를 마신다 포도주만 마신다 […] 그와 함께 붉은 포도주를 마신다"라고 했으므로 자본주의와 거리가 멀다. 우선, 그 날 벌어 그 날 쓴다고 했으므로 거리가 멀다. 그리고 "야채를 팔아 과일을 팔아 계란을 팔아 생선을 팔아 […] 그와 함께 붉은 포도주를 마신다"라고 했으므로 거리가 멀다. 즉 '붉은 포도주' 가 사랑을 상징하고, '그' 가 사랑하는 사람이라면 사랑을 목적이라고 한 것이므로 거리가 멀다. '자본주의' 에서 사랑은 목적이 아니고 수단으로 쓰이기 때문이다.

낮에는 노동하고 밤에는 사랑한다고 한 것을, 혹은 그 날 벌어 그 날 쓴다고 한 것을, 유토피아를 상정한 것으로 볼 수 있다. 유토피아는 '내일'을 걱정하지 않는 유토피아일 것이기 때문이다. 다시 말하지만 그곳에서 사랑은 수단이 아닌 목적일 것이기 때문이다. 무엇보다도 그곳에서의 노동은 소외의 노동이 아닌 즐거운 노동일 것이기 때문이다. '즐거운 노동'의 증거는 너무나 많다. 둘째 연, 셋째 연의 "정신이 없다"는 '즐겁다'의 다른 표현이다. 물론 '노동'이 즐겁다이다. 이 시의 '경쾌한 리듬' 또한 노동이 즐거운 노동이라는 것을 알리고 있다(내용이 형식을 규정하고, 형식이 내용을 규정하였다). "푸른 트럭"은 유토피아이다.

그들은 정말 유토피아에 도달했는가. 이 시는 유토피아에 도달한 자의 시인가.

유토피아의 다른 이름은 erehwon이다 nowhere를 뒤집은 것이다. 유토피아는 존재하지 않는다. 유토피아는 불안, 절망, 고통의 다른 이름일 경우가 많다. 불안의 사랑, 절망의 사랑, 고통의 사랑이 유토피아를 꿈꾸게 하였다?

다시 한 번 물어보자. 과연 그들은 푸른 트럭을 탔는가. 푸른 트럭을 몰고 다니며, 야채, 생선, 과일들을 팔고 있는

가. 붉은 포도주를 마시고 있는가.

"푸른 트럭을 탔다 […] 푸른 트럭에 있다"라고 한 것을 '푸른 트럭을 꼭 타고 말겠다' 는 강한 의지의 표현으로 볼 수 있다. 현재형을 미래완료형으로 보는 것이다. 다름 아닌 '희망의 시' 로 보는 것이다. 그러면 다시 물어보자. 희망은 과연 이루어질 것인가. 그들은 과연 푸른 트럭을 탈 것인가. 푸른 트럭을 몰고 다니며 야채 과일 생선을 팔 것인가. 붉은 포도주를 마실 것인가. 유토피아에 도달할 것인가.

장마

  산에 가려는데 발이 묶였다. 비안개 가득한 하늘에 꾸역꾸역 밀려오는 상실감, 발 묶일 일이야 어디 비뿐이랴

  가지도 오지도 못하는 그리움의 저편, 창문 가득 몰려드는 인기척들. 차마 말하지 못할 그 많은 이야기들, 부옇게 흐려진 창안에 가두어 놓고 소리 없이 내려놓는 마음에 짐 하나. 다 접어두지 못하는 내 안의 흑백사진들

  가지 못한 산 속에 몸 불은 계곡물 소리로 들려오는 그대의 목소리가 온종일 나를 서성거리게 한다

목필균(1955~   )

구심력의 그리움 · 원심력의 그리움
장마

그리움은 "가지도 오지도 못하는" 상황에서의 그리움이다. 내가 가지도 그가 오지도 못하는 상황에서의 그리움이다. "장마"가 가로막고 있기 때문이다. '장마'가 서로 만나지 못하게 하고 있기 때문이다. 시적 주체와 "그대"는 "산에"서 만나기로 하였는데 장마가 "발"을 "묶"었다.

그렇다면 "발 묶일 일이야 어디 비뿐이랴"라고 한 것은? '발 묶는 일'이 또 있다고 한 것이다. 시적 주체는 장마 때문에 발이 묶였지만 사실은 그 이전에 이미 마음의 발을 묶은 것으로 보인다. 아니, 마음의 발을 묶으려고 한 것으로 보인다. '그대'에게 "차마 말하지 못할 […] 많은 이야기"가 있기 때문이다. '그대'를 만나는 것이 "짐"이기 때문이다. 장마를 핑계삼아 "소리 없이 […] 마음에" 있는 "짐"을 내려놓으려 하는 것으로 보이기 때문이다 ("소리 없이 내려놓는 마음에 짐 하나"라는 표현을 소리 없이 마음에 짐을 내려놓는다는 것이 아니라. 소리 없이 마음에 있는 짐을 내려놓는다는 것으로 해석했다). 짐은 내려놓았지만 '그대'와 함께 한 영상들, "흑백사진들"은 다 "접"을 수는 없었다고 하고 있기 때문이다.

시적 주체의 그리움과 "그대"의 그리움을 비교할 수 있다. 끝 연을 강조해서 하는 해석이다. 시적 주체의 그리움은 "차마 말하지 못"하는 그리움으로, "창안에 가"둔 그리움이다. 그러나 '그대'의 그리움은 그렇지 않다. '그대'의 그리움은 "몸 불은 계곡물 소리로 들려오는" 그리움, 장마의 그리움이다. 광포한 그리움이다. 장마에도 불구하고 오라고 하는 것이다. '장마의 그리움'에는 장사가 없다. 시적 주체는 평정을 잃으려고 한다. "서성거"린다. 장마의 그리움이 시적 주체를 서성거리게 했다. 장마의 그리움은 정말 광포한 장마의 그리움이다.

사실, 시 읽는 즐거움 중의 하나는 인간으로서의 시인의 속내를 보았을 때이다. 시에서 '인간적인 너무나 인간적인' 인간의 모습을 보았을 때이다.

「장마」를 원심력과 구심력의 길항으로 볼 수 있다. 시적 주체의 그리움은 구심력의 그리움이고 '그대'의 그리움은 원심력의 그리움이다. '그대'를, 시적 주체를 '현재'로부터, '정상正常'으로부터, 혹은 '도덕'으로부터, 유인해내려는 원심력의 '그대'로 보는 것이다. 시적 주체를, 이에 맞서, 현재를, 정상을, 도덕을 지키려는 구심력의 시적 주체로 보는 것이다. '장마'는 원심력의 장마이면서 구심력의 장마이다. 시적 주체로 하여금 '그대'를 못 만나러 가게 한다는 점에서는 구심력의 장마이고 "몸불은 계곡물 소리로" 시적 주체를 "서성거리게 한다"는 점에서는 원심력의 장마이다. 원심력과 구심력의 싸움에서 이기는 것은 원심력이다. 위반은 금기를 이기게 되어 있다. 프로이트에 의하면 충동은 의지를 이기게 되어 있다.

수도사를 위한 책

태어나서 지금까지 연애에 바친 시간

그 시간 동안 책을 썼다면
이 세상에서 가장 두꺼운 백과사전을 썼으리라
그 사전 속
열병이라든가 집착이라든가 실연이라든가 낙태라는 말
그런 말들 하나도 들어있지 않아
사전은 무거워도 결코 무겁지 않았으리라

나 지금이라도 이 지지부진한 연애를 끊고
마약을 끊듯이 연애를 끊고
「수도사를 위한 책」 1, 2, 3을 쓰기 시작할까나

그러나 나 아직은 연애중이고
연애에 대한 상념들과 연애중이고
연애에 대한 상념들과 연애중인 나와 연애중이라
책을 쓸 길 요원하다네
수도사의 책을 쓸 길 요원하다네

한명희(1965~   )

세 가지 연애
수도사를 위한 책

연애를 감추지 않고 있다. "태어나서 지금까지 연애에 바친 시간"에 "책을 썼다면/이 세상에서 가장 두꺼운 백과사전을 썼"을 것이라고 말한다. 시인의 인생은 연애의 인생이었다는 것이다. 재채기와 가난과 사랑은 숨길 수 없다고 말한 사람은 소설가 김주영이었다. '숨길 수 없다'고 한 것에는 두 가지 의미가 있다. 저절로 드러난다는 것이 하나이고 일부러 드러낸다는 것이 또 하나이다. 사랑의 감정은 숨길 수도 없고 숨기지도 않는다는 것이다. 사랑하고 있다고 발설한다는 것이다.

연애하지 않으면 없었을, 그 시간에 백과사전을 썼더라면 백과사전에 결코 들어가지 않았을, "열병", "집착", "실연", "낙태"와 같은 연애 목록들도 시인은 숨기지 않고 있다. 연애가 "마약"과 같은 것이라는 것도 숨기지 않고 있다. 그러므로 연애를 "끊"기 힘들다는 것을 숨기지 않고 있다. 결국 "수도사의 책을 쓸" 수 없다는 것을 숨기지 않고 있다. 연애의 목록으로 "열병", "집착", "실연", "낙태", 그리고 '마약성'을 거론한 것은 또한 연애의 파괴적 속성을 거론한 것이다. 사랑의 파괴적 속성을 거론한 것이다.

주목되는 표현은 네 번째 연의 "나 아직은 연애중이고/

연애에 대한 상념들과 연애중이고/ 연애에 대한 상념들과 연애중인 나와 연애중이라"고 하는 구절이다. 여기에는 세 가지의 연애가 있다. 세 가지의 사랑이 있다. 첫째, 사랑하는 사람과의 사랑이다("나 아직은 연애중이고"). 둘째, 사랑하는 사람과 겪는 여러 가지 일들에 대해, 혹은 여러 가지 감정의 파고들에 대해, 회억하고 상념하는 것이다. 회억과 상념을 사랑하는 것이다("연애에 대한 상념들과 연애 중이고"). 셋째, 사랑하는 사람과 겪는 여러 가지 일들을 회억하고 상념하는, 회억과 상념을 사랑하고 있는, 자기 자신을 사랑하는 것이다("연애에 대한 상념들과 연애중인 나와 연애중이라"). 세 번째 경우는 사랑하고 있는 자신에 대한 사랑이라고 할 수 있다. '자기애自己愛'인 것이다. 사랑하는 사람을 사랑하는 것보다 사랑하고 있는 자기 자신을 더 사랑하고 있다고 한 것은 아닌지.

마리에 대한 추억

1
푸르른 9월 어느 날
어린 자두나무 아래서
나는 그녀를, 그 고요하고 창백한 사랑을
조용히 품에 안았다. 마치 부드러운 꿈인 듯 했네.
우리 머리 위 아름다운 여름 하늘에는
구름 한 점 떠있었네. 그 구름을 나는 오래 쳐다보았네
아주 하얗고 엄청 높은 곳에 있던 구름.
내가 다시 올려 보았을 땐 사라지고 없었네.

2
그 날 이후 수많은 달, 수많은 세월이
조용히 흘러 흘러 사라져갔네.
자두나무들은 아마 베어졌을 것.
사랑이 어떻게 됐느냐고 그대가 물으면
기억나지 않는다고 말하리.
그대가 말한 뜻을 나는 이미 알고 있지만
정말이네. 그녀 얼굴이 생각나지 않네.

다만 그녀 얼굴에 언젠가 키스를 했다는 사실뿐.

3
그 키스도 구름이 여기 있지 않았더라면
벌써 오래 전에 잊었을 것이네.
내가 기억하고 있는 구름, 앞으로도 잊지 못할 구름은
아주 희었네. 위에서부터 온 것이라네.
자두나무들은 여전히 꽃을 피우고 있을지.
그녀는 일곱 번째 아이를 가지고 있을지도.
그러나 구름은 몇 분 동안만 피어올랐고
내가 올려다보았을 때 벌써 바람에 사라지고 없었네.

베르톨트 브레히트(1898~1956)

순수한 사랑 · 절대적 사랑 · 허망한 사랑
마리에 대한 추억

이 시의 주요 제재는 "구름"이다. "아주 하"얀 구름이다. '아주 하얀' 구름이므로 순수를 상징한다. 순수한 사랑을 상징한다. "엄청 높은 곳에 있"는 구름이므로 구름은 또한 초자연적인 힘, 혹은 절대성을 상징한다. 절대적 사랑을 상징한다. "다시 올려다보았을 때" 구름은 이미 "없었"으므로 구름은 또한 허망함을 상징한다. 허망한 사랑을 상징한다. 구름은 순수한 사랑이었고, 절대적 사랑이었고 허망한 사랑이었다. 김상룡이 「남으로 창을 내겠소」에서 "구름이 꼬인다 갈 리 있소"라고 읊었을 때 '구름'은 유목민의 삶, 도시인의 삶을 상징했었다. 구름은 떠돌아다니는 구름이기도 하기 때문이다. 유하가 「구름의 운명」에서 "육체와 허공이 한 몸인 구름"이라고 읊었을 때 구름은 '색즉시공 공즉시색'의 구름이었다. 있지만 없고 없지만 있는 구름이었다. 손을 쑥 집어넣으면 손이 쑥 들어가는 구름이었다. 브레히트는 「마리에 대한 추억」에서 구름에 대한 몇 개의 목록을 추가하였다. 순수한 구름, 절대적 구름, 허망한 구름의 목록을 추가하였다.

제4부
백년 후의 사랑

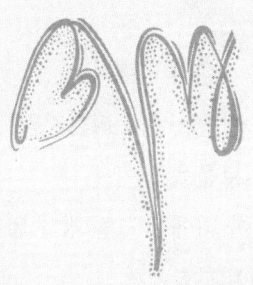

김남조 「아가雅歌 · 4」, 우주적 외로움 · 영원한 외로움
이생진 「무명도」, '뜬눈'의 사랑
함동선 「만월滿月」, "내외"의 사랑
강은교 「사랑법」, 죽음에 대한 예감
최동호 「겨울 무지개」, 오마지의 사랑
도종환 「자목련」, 결별하지 못하는 고통
오정국 「얼음덩어리 시」, 백년 후의 사랑
최서림 「그 여자」, 눈독들임의 사랑
조원규 「꿈결처럼」, 저 세상에서 다시 만나자
이홍섭 「초당 순두부」, 순두부와 모두부
박건자 「문」, 평생에 한 번 있는 사랑
김광남 「사는 법」, 평생을 고쳐 살게 하는 사랑
백주은 「그대의 몸속에는 사리슘利가 있다」, 국수 사리의 사랑

아가雅歌 · 4

가장 깊은 뿌리에서
아슴히 높은 정수리까지의
내 외로움을
사람아 너에게 드릴 밖엔 없다
동쪽 비롯함에서
서녘 끝 너메까지
한 솔기에 둘러 낀
하늘가락지.
돌고 돌아서
다시 오는 이 마음을

김남조(1927~   )

우주적 외로움 · 영원한 외로움
아가雅歌 · 4

십자가형 구도의 시이다. "가장 깊은 뿌리"와 "아슴히 높은 정수리"의 연결이 세로기둥이고, "동쪽 비롯함"과 "서녘 끝 너메"의 연결이 가로기둥이다. 가로기둥과 세로기둥의 교차가 십자가이다. 세로기둥은 공간과 관계하고 가로기둥은 시간과 관계한다. "뿌리"와 "정수리"까지의 공간이고 "동쪽"에서 "서녘"까지의 시간이기 때문이다. "동쪽"에서 "서녘"까지는 태양의 뜨고 짐, 즉 시간의 흐름을 나타낸다. 이러한 십자가형 구도는 시인의 비교적 최근의 시 「막달라 마리아 · 4」에서도 확인된다.

    사리숨체를 쌓아
    태산을 이룰 때까지
    선혈을 탈색하여
    증류수의 강으로 넘칠 때까지
    천지간 오직 변치 않는 건
    죽음과 참사랑뿐

'사리숨체가 쌓여 태산이 될 때까지'가 세로기둥이고, '피가 탈색되고, 그 무색의 피가 강에 넘쳐 흐를 때까지'가 가로기둥이다. 역시 세로기둥은 공간과 관계하고 가로기둥은 시간과 관계한다. "태산"은 공간이고 "강"은 시간이기 때문이다. 강의 흐름은 시간을 상징한다. 우주공간에서, 그리고 과거 현재 미래를 통털어서, "죽음과 참사랑"만이 진리라고 한 것이다.

십자가는 예수를 상징한다. 기독교를 상징한다. 시인은 독실한 카톨릭 교인으로 알려져 있다. 십자가 구도의 시는 독실한 카톨릭 교인의 시이기 때문이라고 할 수 있다. 내용이 형식을 낳았다고 할 수 있다. '독실한 카톨릭 교인'이 '십자가'를 낳았다고 할 수 있다. 십자가의 삶이 십자가의 형식을 낳았다고 할 수 있다.

"가장 깊은 뿌리에서/ 아슴히 높은 정수리까지의 […] 외로움"은 공간적 외로움이다. 우주적 외로움이다. "동쪽 비롯함에서/ 서녘 끝 너메까지"의 외로움은 시간적 외로움이다. 영원한 외로움이다. 그리고 우주적 외로움과 영원한 외로움은 반복된다. "돌고 돌아서/ 다시" 온다. 주목되는 것은 "외로움을/ 사람아 너에게 드릴밖엔 없다"라고 한 것이다. 우주적 외로움·영원한 외로움의 '사랑'은 누구인가. 우주적 외로움·영원한 외로움이 사랑하는 "사람"은 누구인가. (그는 행복한 사람이다.) 아니면, 십자가형 구도의 시라는 것을 감안할 때 '외로움'은 신 앞에 홀로선 단독자의 외로움이고, 그러니까 그 외로움의 사랑은 신에 바치는 사랑일까.

"아가雅歌"는 구약성서에 나오는 말이다. 남녀간의 뜨거운 사랑의 노래에 대한 명명이다.

무명도

저 섬에서
한 달만 살자
저 섬에서
한 달만
뜬눈으로 살자
저 섬에서
한 달만
그리운 것이
없어질 때까지
뜬눈으로 살자

이생진(1929~   )

'뜬눈'의 사랑
무명도

발로 쓴 시! '구체적으로' 가본 자만이 쓸 수 있는 시! 누가 '천박한 경험주의'라고 했는가. 아, 아름다운 경험이여, 경험주의여! 나도 보고 싶다. 가보고 싶다. 나도 "그리움"이 "없어질 때까지" 우도에 가있고 싶다. "한 달만" '그와 함께' 우도[무명도]에 있고 싶다.

'사랑의 시'라고 했을 때 이 시는 두 가지로 읽힌다. 첫째, 사랑하는 사람을 뭍에 두고 '우도'에 혼자 와 있는 경우다. 그는 '그리움이 없어질 때까지 그리운 사람을 그리워한다.' 둘째, 사랑하는 사람들이 우도에 함께 와 있는 경우다. 그들은 그리움이 없어질 때까지 "뜬눈으로 살"고 있다. 뜬눈으로 사랑하고 있다. 뜬눈으로 24시간을 보내는 연인들, 서로의 눈부처를 바라보며, 뚫어질 듯 바라보며, 잡아먹을 듯 바라보며, 앉아서 서서 누워서!

수용미학에서 자주 쓰이는 말로 '생산적 오류'라는 말이 있다. 창작미학상 사실이 아닐지라도 독서자가 다르게 해석하여 시 해석의 지평을 넓히는 것. 두 번째 해석이 아마 이 경우에 해당되리라.

이생진 시인은 섬의 시인으로 알려져 있는 시인이다. 충남 서산의 바닷가에서 태어나 평생 섬을 떠돌며 시를 쓰고 있는 시인이다. 시집 『그리운 바다 성산포』가 유명하다. 이 시 역시 '섬 시집' 『그리운 섬 우도에 가면』에 실린 시이다. 맨 앞에 실린 시, 그러니까 서시이다.

만월彎月

어둠의 야국野菊꽃 물들게
보라 보라 보랏빛 숨소리 들리는
다리 놓아주고
우리 내외한테는
금가락지만한 사랑을 둘러 끼우는
달아 달아 밝은 달아

함동선(1930~   )

"내외"의 사랑
만월彎月

무엇보다도 "우리 내외한테는/ 사랑을 둘러 끼우는/ 달아 달아 밝은 달아"가 압권이다. 그 중에서도 "금가락지만한 사랑을 둘러 끼우는/ 달"이 압권이다. 사랑이라는 관념이 둥근 "금가락지"와 둥근 "만월滿月"에 비유되었다.

주목되는 것은 원圓의 세계이다. "다리"가 원의 세계이고, "내외"가 원의 세계이고, "사랑"이 원의 세계이고, "보랏빛 숨소리"의 공감각이 원의 세계이다. "만월"과 "금가락지"는 원의 구체화이다. 물론 원은 원 이전의 상태, 분화分化 상태를 전제한다. 보랏빛 숨소리 이전의 보랏빛과 숨소리의 분화, 다리 놓기 이전의 이쪽과 저쪽의 분화, 내외 이전의 내와 외의 분화, 사랑 이전의 너와 나의 분화 등. '분화에서 원으로'가 함동선의 시 세계를 관류하는 주요 관념이다. 혹은 함동선의 관념을 관류하는 주요 코드이다.

사랑의 시라고 한다면 '내외'의 사랑의 시이다. 내외는 지아비와 지어미이다. 지아비와 지어미는 "금가락지"를 "둘러 끼우"고, 영원한 사랑을 맹서한 적이 있다. 다시, "밝은 달"이, "만월"이, '둥근 달이, 둥근 금가락지를 둘러 끼우고, 둥근 "금가락지만한 사랑을 둘러 끼우"고, 사랑을 맹서하라고 하고 있다.

청산이 그 무릎 아래 지란芝蘭을 기르듯
우리는 우리 새끼들을 기를 수밖에 없다
목숨이 가다가다 농울쳐 휘어드는
오후의 때가 오거든
내외들이여 그대들도
더러는 앉고
더러는 차라리 그 곁에 누워라

지어미는 지아비를 물끄러미 우러러보고
지아비는 지어미의 이마라도 짚어라
       — 미당, 「무등을 보며」 부분

 '내외'가 나오면 미당의 「무등을 보며」가 생각난다. '지아비/ 지어미'를 떠올리면 미당의 「무등을 보며」가 생각난다. '내외'의 사랑의 시는 미당의 「무등을 보며」와 '대화성'의 관계에 있다. 상호텍스트성의 관계에 있다.

사랑법

떠나고 싶은 자
떠나게 하고
잠들고 싶은 자
잠들게 하고
그러고도 남는 시간은
침묵할 것

또는 꽃에 대하여
또는 하늘에 대하여
또는 무덤에 대하여

서둘지 말 것
침묵할 것

쉽게 꿈꾸지 말고
쉽게 흐르지 말고
쉽게 꽃피지 말고
그러므로
실눈으로 볼 것

떠나고 싶은 자者
홀로 떠나는 모습을
잠들고 싶은 자者
홀로 잠드는 모습을

가장 큰 하늘은 언제나
그대 등뒤에 있다.

강은교(1945~　)

죽음에 대한 예감
사랑법

　죽음에 대한 예감으로 가득 찬 시. 이해의 관건은 끝 연의 "가장 큰 하늘"을 죽음을 상징한 것으로 보는 것. 죽음은 가장 큰 것이므로. 하늘은 '하늘 나라' 라는 말에서처럼 원래 죽음을 상징하는 것이므로.
　"등뒤에"서 죽음이 쳐다보고 있는 것을 아는 자의 행로는, 등뒤에 죽음이 도사리고 있는 것을 아는 자의 행로는, 어떤 행로일까. 강은교의 행로가 아닐까.「사랑법」의 행로가 아닐까. "쉽게 꿈"꿀 수 있을까. "쉽게 흐"를 수 있을까. "쉽게 꽃"필 수 있을까. "떠나"가는 "자/ 떠나"가게 하지 않을 수 있을까. "잠들고 싶은 자/ 잠들게 하"지 않을 수 있을까. 무엇보다도 "침묵"하지 않을 수 있을까. 죽음이라는 거대한 물체 앞에서 침묵하지 않을 수 있을까. 떠나는 자는 "홀로 떠나는" 것이며 잠드는 자는 "홀로 잠드"는 것이라는 것을 인정하지 않을 수 있을까. "실눈으로" 본다는 것은 받아들이기 어려운 것을 받아들여야 한다는 의미. 두렵지만 감수해야 한다는 의미. 이점에서 '사랑법' 이라는 제목은 역설이다. 죽음에 대한 예감으로 가득찬 자가 인생을 보는 법, 그러므로 침묵해야 하는 자가 인생을 보는 법, 그것도 사랑이라면 '사랑법' 이리라.

겨울 무지개

금강심에서 차갑게 뿜어져 나온
겨울 무지개 서늘하게
서릿발 칼날 위에 홀로 설 때

바다를 연모해 광음의 세월을
휘달려온 산맥들도
태고의 까마득한 어둠을 찢는

금빛 닭울음 처음 들었으리라
골 깊은 먹구름이 하늘과
바다를 향해 머흘대는 예는 지금

천년 노래의 씨 큰 강물을 열어
웅혼한 그대의 강철 눈동자
무지개 너머 광야를 선연히 빛낸다.

최동호(1948~)

오마지의 사랑
겨울 무지개

"겨울은 강철로 된 무지갠가 보다"로 끝나는 이육사의 「절정」을 떠올리지 않을 수 없다. "어디 닭 우는 소리 들렸으랴"가 들어가 있는 역시 이육사의 「광야」를 떠올리지 않을 수 없다. 정전(혹은 고전)을 떠올리게 한다는 점에서는 패러디처럼 보인다. 패러디가 아닌 것은 '비판적 수용'이 아니기 때문이다. 구조적으로 볼 때 패스티시에 가깝다. 패스티시는 유사성에만 초점을 맞추어 이 작품 저 작품을 끌어다가 짜깁기한다.

세 개의 목소리가 있다. 「절정」의 목소리, 「광야」의 목소리, 그리고 「절정」과 「광야」 및 이육사의 삶을 칭송하는 목소리이다. 시에도 "다양한 목소리"(바흐찐)가 존재할 수 있다.

창작미학적으로 볼 때 오마지Hommage에 가깝다. 이육사의 「절정」과 「광야」를 리메이크하면서 이육사를 칭송하고 있기 때문이다. 이육사의 「절정」과 「광야」를 칭송하고 있기 때문이다.

사족 : 오마지도 사랑이다. 제일 좋은 것은 공경[오마지]의 사랑과 정념의 사랑이 변증하는 것. 예를 들어 밤에는 정념의 사랑, 낮에는 공경의 사랑. 정념의 사랑이 있으면 공경의 사랑이 없고, 공경의 사랑이 있으면 정념의 사랑이 없지 않을까. 그러나 한 쪽의 결핍이 '사랑'을 살아있게 한다. 결핍이 '완전한 사랑'을 꿈꾸게 한다. 완전한 사랑은 완전한 사랑을 꿈꾸지 않는다.

자목련

너를 만나서 행복했고
너를 만나서 고통스러웠다

마음이 떠나버린 육신을 끌어안고
뒤척이던 밤이면
머리맡에서 툭툭 꽃잎이
지는 소리가 들렸다

백목련 지고 난 뒤
자목련 피는 뜰에서
다시 자목련 지는 날을
생각하는 건 고통스러웠다

꽃과 나무가
서서히 결별하는 시간을 지켜보며
나무 옆에 서 있는 일은 힘겨웠다
스스로 참혹해지는
자신을 지켜보는 일은

너를 만나서 행복했고
너를 만나서 오래 고통스러웠다

도종환(1954~   )

결별하지 못하는 고통
자목련

　사랑의 시작은 행복이나 사랑의 '나중'은 고통이다, 라고 하고 있다. 이의를 달 생각이 없다. 아무도 이의를 달지 않을 것이다. 사랑은 원래 그렇다.
　문제는 사랑은 갔는데, 마음은 떠났는데, '육신'과는 같이 해야 하는 사랑이다. 한 지붕, 한 이불 밑에서 '육신'과 같이 해야 하는 사랑이다. "마음이 떠나버린 육신을 끌어안"아야 하는 사랑이다. '마음'은 "너"의 마음일 수 있고 시적 화자의 마음일 수 있다.
　더욱 큰 문제는 "꽃과 나무가/ 서서히 결별하는" 것을 "지켜보"는 일이다(넷째 연). 시적 화자는[자신은] "너"와 결별하지 못하고 있는데 꽃과 나무는 서로 결별하고 있다. 시인은 이것을 "참혹"한 일이라고 했다. 결별하지 못하고 있는 자가 결별하는 것을 지켜보는 일은 참혹한 일이라고 했다. 끝 연에서 "고통스러웠다"를 "오래"라는 부사로 수식하게 한 것으로 보아 "행복"은[사랑은] 잠시였던 것으로 보인다. 고통이 행복보다 길었다는 것을 강조한 것으로 보인다.
　"고통스러웠다"라고 한 것은 과거형이므로, 지금은 고통스럽지 않다고 한 것이므로, '너'와 헤어진 자의 시라고 할 수 있다. '결별'에 성공한 자의 시라고 할 수 있다. "백목련"처럼, "자목련"처럼, 결별에 성공한 자의 시라고 할 수 있다.

"오래 고통스러"워했던 기억이 쓰게 한 시이다. 오래 고통스러워했던 기억이 '쓰지 않고는 못배기는 충동'을 불러 일으켰다.

시인은 사랑을 두 번 하였고 결별을 두 번 하였다. 백목련이 졌고 자목련이 졌기 때문이다. 두 번 졌기 때문이다.

얼음덩어리 시

빙산은 그 밑에 7/8의 얼음덩어리를 감춰두어야 한다
당신과 나의 몸을 냉동시켜 두어야 한다 투명하게
그러나 물 위에서는 보이지 않게
한 백년쯤

빙산은 얼음골짜기로 추락하지 않는다 햇빛 속으로의
비상飛上을 꿈꾸지도 않는다 빙산은
빙산을 밀고 나간다

빙산은 쇄빙선의 불한당과 맞서야 한다

빙산은 나무를 키우지 않는다 새를 키우지 않는다
얼음덩어리이지만 얼음에 갇히지 않는다
빙산은 당신과 나의 눈동자를 냉동시켜
얼음을 깨고 앞으로 나아간다

빙산은 만년설을 꿈꾸지 않는다 부딪히고 멍들고
깨어지고 부서지되, 무너지지 않는다
썩지 않는다 빙산은

당신과 나의 눈동자 속을 흘러다니되,
사람이나 개를 물어뜯지 않는다
사람이나 개를 물어뜯어선 안 된다

빙산은 쇄빙선의 불한당과 맞서야 한다

오정국(1956~   )

백년 후의 사랑
얼음덩어리 시

"당신과 나"라고 했으므로 '사랑의 시'라고 할 수 있을까. 이루어질 수 없는 사랑에 대한 시라고 할 수 있을까. "당신과 나의 몸"을 "빙산"[얼음덩어리] 속에 "냉동시켜 두어야 한다"고 했으므로. 빙산이 몸의 "7/8"을 "물" 속에 "감"추듯 "보이지 않게" 해야 한다고 했으므로. "한 백년쯤" 냉동시키겠다고 했으므로[백년쯤 후에 깨어나겠다고 했으므로].

무엇보다도 백년쯤 후에 사랑을 꽃피우겠다고 한 것이 아닐까. 그동안 당산과 나의 몸을 지키겠다고 한 것이 아닐까(냉동 중에도!). '백년쯤 후' 다시 사랑하기 위해서는 "쇄빙선"이라는 "불한당과 맞서야 한다". '다른' 얼음이 오면 다른 얼음과 맞서야 한다. 다른 "얼음을 깨고 앞으로 나아"가야 한다(냉동 속에서도 사랑은 진보해야 한다?). "얼음골짜기로 추락"해서도 안 된다("추락하지 않는다"는 평서문을 '추락해서는 안된다'라는 당위의 명령문으로 읽었다). "햇빛 속으로의" 증발을[비상飛上을] "꿈꾸"어서도 안된다. 냉동상태를 견뎌야 한다. "부딪히고 멍들고/깨어지고 부서지"더라도 "무너"져서는 안된다. 빙산은 "썩지 않는" 빙산이다. 사랑은 썩지 않는 사랑이다. 이루어질 수 없는 사랑을 당장 이루기 위해 "사람이나 개를 물어뜯어선 안 된다". 사랑이여, 백년 동안 냉동되어야 하는 사랑이여!

그 여자

숫기 없어 놓쳐버렸다.

가을 하늘 아래 곧잘 붉어지는 홍옥,
엉겅퀴 같은 가난한
이서국伊西國 수렵꾼의 딸임에 틀림없다.
꽃자주색 T 입고 그냥 떠난 그 여자,
해가 갈수록 내 마음의 하늘에
가을 저녁 노을로 지워지지 않는다.
추석이면 향일성向日性 벌레처럼
고향으로 오게 만드는 그 여자,
죽기 전에 꼭 만나보고 싶은, 막무가내
친정이라도 불쑥 찾아들고 싶게 하는 그 여자,
이서국 돌칼로 헤집고 들어오는
같은 서울 하늘 아래 늙어가고 있을지도 모르는
그 여자,
내 마음에 잠자는 돌칼이 노루피를 부르면
무작정 고향 버스를 타게 만든다.
그녀 살던 마을, 이서국 도읍지 백곡 지날 때면

가을 들판 위로 둥둥둥 이서국 시퍼런 북소리,
륵골肋骨 굽은 골짜기마다
돌칼 가는 소리

최서림(1956~   )

눈독들임의 사랑
그 여자

최서림은 이인원의 시

> 눈독들일 때 가장 아름답다.
> 하마,
> 손을 타면
> 단숨에 굴러 떨어지고 마는
> 토란잎 위
> 물방울 하나.
>
> (「사랑은, ……」 전문)

를 해석하면서 사랑은 "눈독들"임의 사랑이라고 명명하였다. "사랑은 물방울에 지나지 않는다. 그것도 토란잎 위의 물방울! 손만 타면 굴러 떨어지고 마는"이라고 했다. 사랑은 '도달한 순간' 사라진다고 한 것이다.

「그 여자」에서 최서림은 눈독을 들였지만(?) "숫기"가 "없어", "돌칼"이 없어, 혹은 돌칼을 쓰지 못해, 일방적으로 끝나버린 더 젊은 날의 '사랑이야기'를 털어놓고 있다. "해가 갈수록 내 마음의 하늘에/ 가을 저녁 노을로 지워지지 않는", "꽃자주색 T 입고 […] 떠난 그 여자"에 대해 털어놓고 있다. 숫기가 있었다면, 돌칼을 썼다면, '그 여자'

와는 어떻게 되었을까. 사랑은 어떻게 되었을까. 토란잎 위의 물방울처럼 굴러 떨어지지 않았을까. 이런 추억의 시간도 없지 않았을까. '눈독들임의 사랑'으로만 끝났기에 최서림은 추억의 시간을 갖게 된 것이 아닐까. 이서국伊西國은 시인의 고향 청도에 있었던 옛 부족국가의 이름이다.

꿈결처럼

지금 죽는다면
마음 나눈 세상 누군가와
작별하고 싶지 않을까
여름날의 가로수
잎사귀에 떨어져 물들던 햇빛
그 초록 바다의 둘레로
울타리 없이 펼쳐졌던 삶이 닫혀 간다

천만 개의 불 켜진 창과
지붕들을 내려다 보며
살 수 있을까 나직이 묻던
그 산에 오를 일은 다시 없으니
오직 다정함만 남아, 좋았어
널 이 세상에서 만나
참 고마웠어, 고마웠어요

어떻게 살아야 할지
몰랐을 거예요, 어느 새
여기까지 와 버렸군요

또 다른 푸른 울타리 속에서

만나지길 바래요
알아볼 수나 있을까, 어쩌면
네, 아마도, 꼭.

조원규(1963~   )

저 세상에서 다시 만나자
꿈결처럼

조건절은 "지금 죽는다면" 한 행, 주절은 그 밑 전부.

죽음을 앞에 두었을 때 떠오르는 것은 저절로 떠오르는 것. "누군가"가 떠오른다면 저절로 떠오르는 것. 시인은 그 사람을 "마음 나눈" 사람이라고 하였다. 그러므로 "작별" 인사를 해야 할 사람이라고 하였다. 그리고 "오직 다정함만 남아" 있는 사람이라고 하였다. "고마"운 사람이라고 하였다. 주목되는 것은 작별하고 싶지 않다고 하지 않은 것. 사랑했던 사람이라고 하지 않은 것.

시인은 죽음을 '가정'이 아닌, 현실로 받아들이고 있는 것으로 보인다. 정말 "삶이 닫혀" 가고 있는 것으로 보인다. 삶이라는 '산'에서 이미 내려온 것으로 보인다. "산에 오를 일은 다시 없"다고 하였다.

죽음을 받아들인 사람은 '누군가를' [사랑했던 사람을] 격정적으로 회고하기보다 담담하게 회고할 것같다. 「꿈결처럼」은 누군가를 담담하게 회고하는 시이다.

'누군가'가 '사랑했던 사람'이라는 증거는 여러 곳에 있다. 사랑을 완전히 감추지 못하고 있다. 만약 다른 세상이 주어진다면 그 다른 세상에서 다시 만나길 간절히 소원하고 있다("또 다른 푸른 울타리 속에서/만나지길 바래요"). '꼭'

알아보기를 소원하고 있다("알아볼 수나 있을까, 어쩌면/ 네, 아마도, 꼭"). 사랑하지 않는데 이토록 사무치게 다른 세상에서 다시 만나자고 할 수 있을까. 알아보자고 할 수 있을까. 애절한 사랑의 시이다.

'저 세상에서 다시 만나자'고 하는 것에는 두 가지 경우가 있다. 하나는 살아 있을 사람이 '죽은 사람에게' (혹은 죽는 사람에게) 저 세상에서 다시 만나자고 하는 경우이다. 또 하나는 죽는 사람이 살아 있을 사람에게 저 세상에서 다시 만나자고 하는 경우이다. 두 경우 다 애절하다. 이 시는 물론 후자의 경우이다. 죽음을 앞에 둔 자가 사랑했던 사람에게 말하는 경우이다.

부기하면, "누군가"와의 사랑은 "어느 새/ 여기까지[죽음의 문턱까지] 와 버렸"다고 말하게 할 정도의 사랑이었다. 세상을 잊게 해준 사랑이었다. 세상을 "살"게 해준 사랑이었다.

초당 순두부

순두부 같은 밤이 온다

모질게 마음 먹어도
나는 늘 초당바닷가에 서 있다

모두가 떠난 뒤
바다소나무에 기대어
꾸역꾸역 토하던 여름밤
캄캄한 해변과
외로움에 떨던 너

모두부 같은 마음도
다 부질 없다
부질없다고 너는 또 말한다

순두부가 오는 밤

이홍섭(1965~   )

순두부와 모두부
초당 순두부

'사랑하는 마음'을 "순두부"에 비유한 시이다. 헤어지려는 마음을 "모두부"에 비유한 시이다.

시적 주체가 "모질게 마음 먹"은 마음, "모두부 같은 마음"을 "부질없다"고 한 것으로 보아, 그리고 "너"도 "부질없다"(넷째 연)라고 말한 것으로 보아, 시적 주체와 '너'는 그 이전에 헤어지자고 했던 것으로 보인다. 헤어지는 것에 동의했던 것으로 보인다. 그런데 실패한 것으로 보인다. 둘 다 '부질없다'고 하고 있기 때문이다.

시는 "순두부 같은 밤"으로 시작해서 "순두부가 오는 밤"으로 끝나고 있다. 시적 주체는 애초부터 알고 있었다. '순두부'를 이기지 못하리라는 것을. "모두부"가 순두부를 이기지 못하리라는 것을. 물렁물렁하고 말캉말캉한 순두부가 이기리라는 것을. 모두부보다 순두부가 더 물렁물렁하다. 말캉말캉하다. 이홍섭은 사랑과 이별의 비유 목록에 순두부와 모두부의 항목을 추가시켰다.

ㅁ은 ㄴ, ㄹ, ㅇ과 함께 '울림소리'이다. 울림소리는 울리므로 낭랑하므로 밝고 가벼운 느낌을 준다. 개방형의 울림소리이다. 그러나 이 시에서 ㅁ은 밝지 않다. 가볍지 않다. 폐쇄적이다. "모두부"에 쓰였기 때문이다. "모두부 같

은 마음"에 쓰였기 때문이다. "모질게 마음 먹어도"에 쓰였기 때문이다.

　시인은 "모두부 같은 마음"이라고 함으로써 ㅁ을 의도적으로 반복하였다. 또 "모질게 마음 먹어도"라고 함으로써 ㅁ을 의도적으로 반복하였다. 원래 "마음"과 "먹어도"는 붙여써야 하는데 의도적으로 떼어놓았다. ㅁ을 강조하기 위해서이다. 또 하나의 두운법을 만들기 위해서이다. 이 시에서 ㅁ은 울림소리로서의 ㅁ이 아니라 네모로서의 ㅁ으로 보인다. '소리'가 아닌 '형태'로서의 ㅁ으로 보인다. 갇힌 꼴(폐쇄형)의 네모로 보인다. '모두부'가 네모인 것과 같다. 모두부가 갇힌 꼴(폐쇄형)의 네모인 것과 같다. '헤어지자는 마음'[모두부의 마음]은 폐쇄형의 마음이다. 감옥의 마음이다.

문

당신을 기다립니다
이대로 닫아 걸 수가 없어서
일생을 그렇게 기다리며 삽니다

당신이 오기까지
너무 긴 세월
벗어날 수 없는 예비된 삶은
스스로에게 갇혀
자폐증상 위험수위에
빨간 불이 켜졌습니다

외로움은
너무나 많은 인내를 요구하기에
대상이 없는 당신을 그렇게 기다리며
세월을 잃어가고 있습니다

박건자(1952~   )

평생에 한 번 있는 사랑
문

'사랑은 일생에 단 한 번 찾아오는 것이다' 라는 말에 이 땅의 많은 남녀들은 동의하지 않을 것이다. 그러나 이 말의 내포적 의미는 ''진짜' 사랑은 드물다는 것'이다. 10대, 20대의 사랑은 멋모르고 하는 사랑일 경우가 많다. 이성異性이기 때문에, 다른 성性이기 때문에, 호기심이 발동하고, 호기심은 호감으로 발전하고, 호감을 사랑으로 착각한다. 남자와 여자는 머리에서 가슴까지의 거리만큼 다르다. 무엇보다도 신체구조가 다르다. 그리고 그 다른 신체구조가 한 이불 속에서 잠자게 하는 것이다. 요컨대, 멋모를 때의 사랑은 많은 경우 '다르기' 때문에 사랑하는 사랑이다. 사랑하기 때문에 사랑하는 사랑이 아니라.

「문」의 시적 화자는 "당신을 […] 일생" 동안 "기다리며" 살고 있다("문"은 여성성을 상징하므로 시적 화자는 여성이라고 할 수 있다). 평생에 한 번 있는 사랑을 기다리며 살고 있다. 사랑을 함부로 하지 않고, 함부로 사랑한다고 말하지 않고, 단 한 번의 사랑을 기다리며 살고 있다. "너무나 많은 인내를 요구하"는 그 사랑을 기다리며 살고 있다. "자폐증상 위험수위에/ 빨간 불이 켜졌"지만 기다리며 살고 있다. "외"롭게 살고 있다. 그 사랑이 오기까지의 "세월"은 "잃어"버린 세월이다. 잃어버린 삶이다. 시인은 단 한 번의 사랑에 '평생을 거'는 모험을 하고 있다. 단 한 번의 사랑이 오면 '고통의 최후, 환희의 시작'이 되기 때문이다. "예비된 삶"이 아닌 '본격적인 삶'이 시작되기 때문이다. (그런데, 그 사랑이 일생에 단 한 번 오는 그 사랑인 줄은 어떻게 알지요? 어떻게 식별하지요?)

"대상이 없는 당신"이라고 한 것은 '당신'이 '모르는 당신'이기 때문이다. 아직은 '모르는 당신'이기 때문이다. 아니면, "대상이 없는 당신"은 메시야인가. 미륵불인가. 재림예수인가. 시인은 메시야를 기다리고 있는가.

사는 법

아무 것도 가지지 말아라 푸른 나무야
지금 네 귀를 간지르는 저 바람도
잠시 뒤면 다른 갈색 나뭇잎에
온몸 섞는 정사情事이려니

아무 것도 슬퍼하지 말아라 유채꽃들아
너의 처녀막을 뚫었던 저 나비가
조금 뒤면 현호색 진달래 창포꽃
단물에 호흡을 적시고 있으려니

아무 것도 후회하지 말아라 하늘아
네 아래 피고 지는 저것들은
한결 같이 음모와 배반을 일삼으며
뒤돌아서는 것들뿐이니

그러나, 사람아 사람아
사랑으로 단숨에 죽을 듯
그 사랑으로 평생을 다시
고쳐 사는 사람들아

김광남(1959~   )

평생을 고쳐 살게 하는 사랑
사는 법

첫째 연에서의 "배반"은 "푸른 나무"에 대한 "바람"의 배반이다. 둘째 연에서의 배반은 "유채꽃들"에 대한 "나비"의 배반이다. 첫째 연과 둘째 연은 병렬적 관계에 있다. 상호 긴밀한 내적 긴장관계가 아니다.

셋째 연은 첫째 연과 둘째 연에 대한 귀납적 결론이라고 할 수 있다. 그러나 무엇보다도 셋째 연은 첫째 연과 둘째 연을 조감적으로, '새의 관점'으로, 바라보는 역할을 하고 있다. "음모와 배반을 일삼"는 땅의 것들을 "하늘"의 관점에서 분명히, 그리고 확실하게, 폭로시키고 있다. 그리고 음모와 배반을 일삼는 것을 기정사실화시키고 있다. "후회하지 말아라" 하는 표현이 그것이다.

셋째 연과 넷째 연의 관계는 변증법적 관계이다. 정확히 말하면 첫째 연과 둘째 연을 셋째 연이 포괄하고 있다는 점에서 넷째 연은 앞의 세 연에 대한 변증이다. 땅에 있는 것들이 음모와 배반을 일삼는 것들이고, 하늘보고는 이를 후회하지 말라고 하였지만(여기까지가 '명제'이다), 이보다 더 중요한 것은 "사랑으로 단숨에 죽을 듯" 사랑하고 "그 사랑으로 평생을 다시/고쳐 사는" 것이다(이것이 '반명제' 이다). 사랑은 단숨에 죽을 듯한 사랑이어야 하고 그 사랑은 사람으로 하여금 평생을 다시 고쳐 살게 한다?

그대의 몸속에는 사리舍利가 있다

사랑하는 사람과는
세 번씩이나 헤어졌으면서도
가난과는 헤어지지 못한 그대여,
온몸에 남루함을 걸친 그대들이여.
쌀보다는 밀가루를,
밀가루로 만든 국수 사리를
자주 먹는 그대들이여,

그대의 몸속에는
지금
사리가 자라고 있다
그대가 삼킨 눈물과
밀가루로 만들어진 사리가
그대의 몸속
어느 깊은 곳에서 만나
진주 같은 사리로 변했다는 것을
그대는 어느 한순간
영감처럼 깨달았으리라.
그렇다면 그대여.

어느 날 거리에서
눈부시게 화려한 여인을 만나거든
고개 숙이거나 돌리지 말고
서슴없이 이렇게 여인에게 말해 주라.
나의 몸에는 진주 대신
진주보다 영롱한
사리가 자라고 있노라고…….

백주은(1956~   )

국수 사리의 사랑
그대의 몸속에는 사리슘체가 있다

가난이야 한낱 남루襤樓에 지내지 않는다

서정주의 시 「무등無等을 보며」는 이렇게 시작하고 있다.

> 결코 가난은 한낱 남루가 아니다 […]
> 가난은 적, 우리를 삼켜버리고
> 우리의 천성까지 썩혀버리는 독소
> 우리 인간의 적이다 물리쳐야 할 악마다
> 쪼르륵 소리가 나는 뱃속이다

서정주의 위의 구절을 패러디한 문병란의 「가난」의 한 구절이다. 나는 문병란 시인에게 동의한다. 그리고 백주은 시인에게 동의한다. "가난과 […] 헤어지지 못한 그대"를 걱정하는 백주은 시인에게 동의한다. "온몸에 남루함을 걸친 그대들"을 걱정하는 백주은 시인에게 동의한다.

가난한 그대, 남루한 그대들을 걱정하는 것은 동고同苦의 자세이다. 같이 아파하는 자세이다. 그러나 또한 시인은 가난과 남루를 부끄러워하지 말라고 하고 있다. 가난과 남루에 "진주보다 영롱한/ 자라고 있"기 때문이다. "국수 사리"가 변해 사리舍利가 되기 때문이다. 국수 사리가 사리로 변한다고 한 것은 말장난이지만 재미있는 말장난이다. 가난하고 남루한 자들은 이렇게라도 위로 받고 싶다. 가난하고 남루한 자들을 이렇게라도 위로하고 싶다. 매일매일 국수만 먹는 자여, 가난한 자여, 힘을 내시라고, 그대 몸에는 사리가 자라고 있다고, 사랑을 당당하게 고백해 보시라고.

・